文庫ぎんが堂

ゼロからわかる

英雄伝説

ヨーロッパ中世〜近世編

かみゆ歴史編集部

はじめに

　ヨーロッパ史と言えば、ゲームに登場するような騎士、荒くれ者の海賊、豪華な衣装をまとった貴族たち、そして血で血を洗う戦争や政変の数々を想像する人も多いだろう。このようなイメージ通りのヨーロッパ世界がかたちづくられ、繰り広げられた時代こそ、本書でとりあげる中世・近世にあたる。

　そもそも西洋史における中世のはじまりは、諸説あるが大体5世紀頃からとされる。地中海からヨーロッパ全土を席巻した偉大なローマ帝国がゲルマン人に蹂躙され東西に分裂、混乱のなかイスラム教勢力が地中海世界にまで拡大。これに対しキリスト教勢力の頂点に君臨するローマ教皇は、ゲルマンの一部族フランク人のカール大帝に協力を求め、これを承諾したカール大帝は教皇からローマ皇帝の位を授けられた。ここに、ローマ以降の権威と文化、キリスト教という聖性、そしてゲルマンなどの諸民族が融合した西欧世界がはじまるのだ。

　その後、カール大帝の子孫が地域ごとの統治を進めたため数多の国がうまれ、隣接する国同士で侵略と併合が繰り返された。15世紀には王の下に権力が集中する「絶対王政」が確立。西洋史ではこれをもって近世のはじまりとし、市民革命によって国民に主権が移った18世紀を近世の終わりと定めることが多い。

本書では、各国別に英雄・偉人を取りあげた。1章では中世のはじまりの人物カール大帝から、革命を収束させた近世最後の英雄ナポレオン・ボナパルトまで、フランスの英雄を紹介。2章ではローマ皇帝とローマ教皇率いる西欧の中心2国ドイツ・イタリア、3章では西洋のなかでも独特の思想・文化をもち、近代には「大英帝国」として世界の覇者となるイギリス、4章ではイベリア半島をイスラム勢力から取り返し、大航海時代を牽引したスペイン・ポルトガル、そして5章では、ヴァイキングをルーツにもち西欧世界に多大な影響を与えた北欧・ロシア、さらに強国から脅かされても必死に抵抗した東欧の英雄を紹介する。本書は王族や政治家だけでなく、文化人や冒険家、創作の人物まで、さまざまなジャンルの英雄をピックアップした。時に美しく、時に血みどろでダーク、だからこそ魅かれてしまう中世・近世ヨーロッパ世界を少しでも体感して頂ければ幸いである。

かみゆ歴史編集部

ゼロからわかる英雄伝説　ヨーロッパ中世〜近世編　目次

1章 フランスの英雄

2章 ドイツ・イタリアの英雄

3章 イギリスの英雄

4章 スペイン・ポルトガルの英雄

5章　北欧・ロシア・東欧の英雄

本書の見方

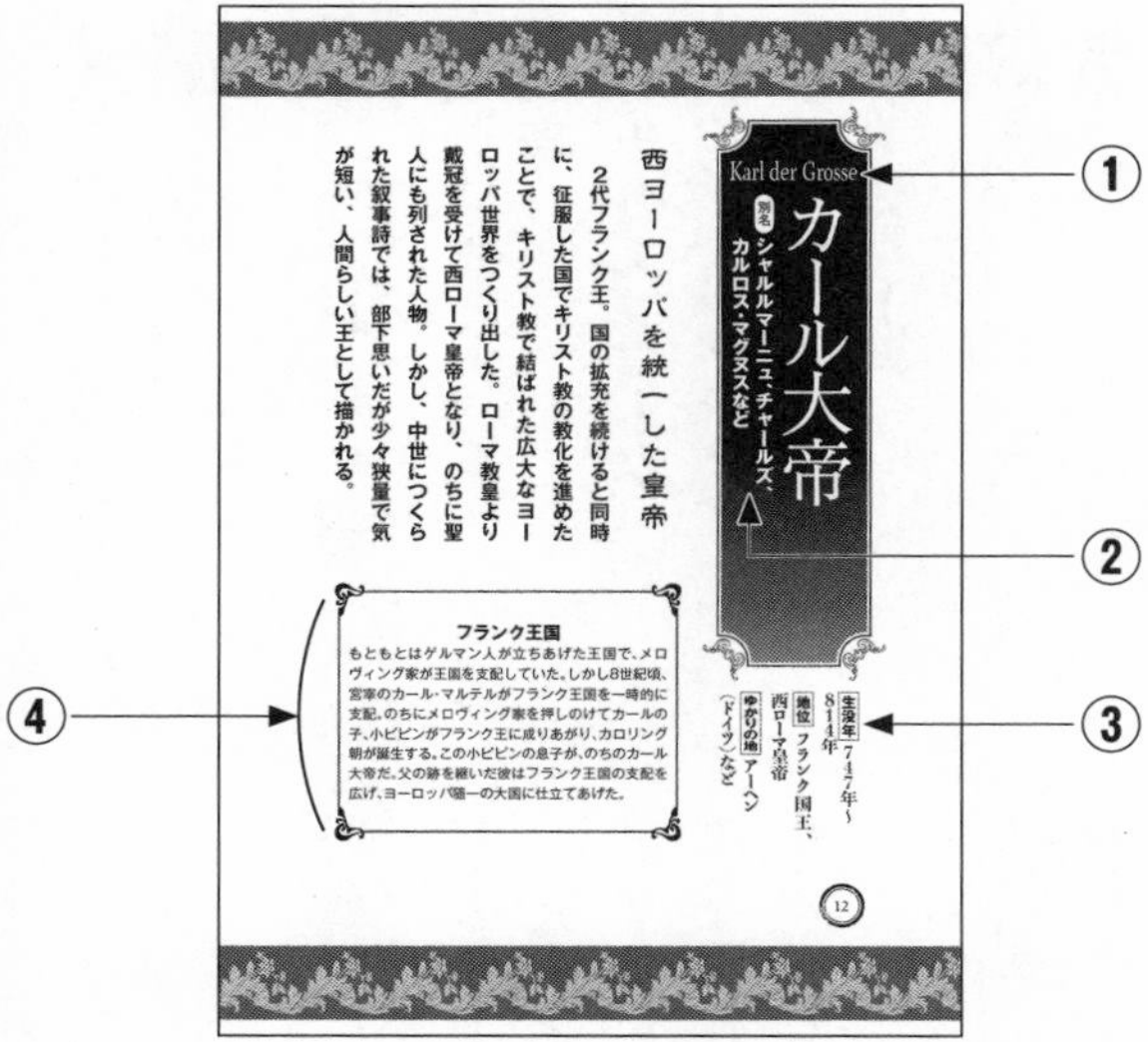
Karl der Grosse

カール大帝

別名 シャルルマーニュ、チャールズ、カルロス・マグヌスなど

生没年 747年～814年

地位 フランク国王、西ローマ皇帝

ゆかりの地 アーヘン（ドイツ）など

西ヨーロッパを統一した皇帝

2代フランク王。国の拡充を続けると同時に、征服した国でキリスト教の教化を進めたことで、キリスト教で結ばれた広大なヨーロッパ世界をつくり出した。ローマ教皇より戴冠を受けて西ローマ皇帝となり、のちに聖人にも列された人物。しかし、中世につくられた叙事詩では、部下思いだが少々狭量で気が短い、人間らしい王として描かれる。

フランク王国

もともとはゲルマン人が立ちあげた王国で、メロヴィング家が王国を支配していた。しかし8世紀頃、宮宰のカール・マルテルがフランク王国を一時的に支配。のちにメロヴィング家を押しのけてカールの子、小ピピンがフランク王に成りあがり、カロリング朝が誕生する。この小ピピンの息子が、のちのカール大帝だ。父の跡を継いだ彼はフランク王国の支配を広げ、ヨーロッパ随一の大国に仕立てあげた。

12

①人物名をローマ字で記載

②本名や異名、通称などを記載

③紹介する人物の情報をデータ的にまとめたもの

【生没年】…実在する人物かつ判明している場合のみ記載

【地位】…代表的な位階や立場、所属する国などを記載

【ゆかりの地】…出生地や墓所など縁深い場所を記載

④関連する武器や人物、歴史的事象や用語などの情報を説明している

注意

各人物は伝承や文献によって異なった逸話、設定が伝わっているものが少なくない。本書で取りあげているのはそのうちの一部である。各人物の名前はわかりやすさを重視し、一般的に通りがよいと考えられる名前を見出しに採用している

1章 フランスの英雄

中世ヨーロッパ史は、強大なローマ帝国が分裂し、うち西側をカール大帝がおさめ、西ローマ帝国が成立したことにはじまる。市民が「自由と平等」を勝ち取る近代の幕開けまで、フランスは長い戦乱の歴史が続いた。

中世〜近世フランス年表

国名：フランク王国

王朝	年	おもなできごと
カロリング朝	732	トゥール＝ポワティエ間の戦いに勝利
カロリング朝	800	カール大帝が教皇より西ローマ皇帝位を授かる
カロリング朝	843	ヴェルダン条約により フランク王国が三分される
カペー朝	1096	第1回十字軍遠征
カペー朝	1119	テンプル騎士団が創設
カペー朝	1303	アナーニ事件
ヴァロア朝	1309	教皇のバビロン捕囚
ヴァロア朝	1337	イギリスとフランスの間で百年戦争が勃発
ヴァロア朝	1429	オルレアン解放
ヴァロア朝	1494	シャルル8世のイタリア遠征
ヴァロア朝	1541	カルヴァンが宗教改革を開始
ヴァロア朝	1562	国内でユグノー戦争が勃発

カール大帝▶P14
ローラン▶P18
アストルフォ▶P22
リナルド▶P23
ブラダマンテ▶P24
ゴドフロワ・ド・ブイヨン▶P26
フィリップ4世▶P28
ベルトラン・デュ・ゲクラン▶P30

ジャンヌ・ダルク▶P32
バイヤール▶P36

フランス王国

ブルボン朝 ／ 第一共和制 ／ 第一帝政

1572	サン＝バルテルミの虐殺
1598	ナントの勅令により個人の信仰の自由が認められる
1624	宰相リシュリューの政治がはじまる
1643	ルイ14世が即位し絶対王政全盛期に突入
1740	オーストリア継承戦争が勃発
1748	この頃、モンテスキューが著書『法の精神』で三権分立を説く
1756	七年戦争が勃発
1789	バスティーユ牢獄襲撃・フランス革命
	フランス人権宣言が行われる
1791	ヴァレンヌ逃亡事件
1794	テルミドールのクーデターによりロベスピエールが処刑される
1804	ナポレオンが皇帝として即位
1812	ナポレオンのロシア遠征
1814	ウィーン会議
1830	七月革命によりヨーロッパ全体に革命の気運が飛び火

カトリーヌ・ド・メディシス
▶P38

シャルル・ド・バツ・カステルモール
▶P40

ルイ14世
▶P44

シュヴァリエ・デオン
▶P46

ラ・ファイエット侯爵
▶P52

マリー・アントワネット
▶P48

シャルル＝アンリ・サンソン
▶P54

マクシミリアン・ロベスピエール
▶P56

ナポレオン・ボナパルト
▶P58

カール大帝

Karl der Grosse

別名 シャルルマーニュ、チャールズ、カルロス・マグヌスなど

生没年 747年～814年
地位 フランク国王、西ローマ皇帝
ゆかりの地 アーヘン（ドイツ）など

西ヨーロッパを統一した皇帝

2代フランク王。国の拡充を続けると同時に、征服した国でキリスト教の教化を進めたことで、キリスト教で結ばれた広大なヨーロッパ世界をつくり出した。ローマ教皇より戴冠を受けて西ローマ皇帝となり、のちに聖人にも列された人物。しかし、中世につくられた叙事詩では、部下思いだが少々狭量で気が短い、人間らしい王として描かれる。

フランク王国

もともとはゲルマン人が立ちあげた王国で、メロヴィング家が王国を支配していた。しかし8世紀頃、宮宰のカール・マルテルがフランク王国を一時的に支配。のちにメロヴィング家を押しのけてカール・マルテルの子、小ピピンがフランク王に成りあがり、カロリング朝が誕生する。この小ピピンの息子が、のちのカール大帝だ。父の跡を継いだ彼はフランク王国の支配を広げ、ヨーロッパ随一の大国に仕立てあげた。

フランク王を継いで国を広げる

父はカロリング朝フランク国初代国王、小ピピン。王位を継いだカール大帝は周辺国への侵攻を繰り返して国を広げた。現代でいうところの、フランス、ドイツ、イタリアなどEU主要国にあたる地域の大部分を支配下におさめたのである。その際カール大帝は征服国をキリスト教へ改宗させたため、フランク王国はキリスト教と諸民族文化、そしてローマ文化が融合した〝ヨーロッパ世界〟としてうまれ変わった。また、カール大帝は宮殿に知識人や学者を呼び寄せ「宮廷学校」を開くほど学問を重んじ、ザンクト・ガレン修道院に残る伝記によれば、自ら学校を視察し、不勉強な貴族を叱ったほど教育熱心だったという。のちにカール大帝はローマ教皇レオ3世より帝冠を受け、西ローマ皇帝としてその名を轟かせることになる。

物語に描かれる人間味あふれる姿

カール大帝の精力的な侵攻を支えたのは、鉄鎧と鉄の盾をもつ精鋭の騎士兵たちだ。このカール大帝の騎士団は大いに人気を集め、12世紀頃のフランスでは彼らを主人公にした武勲詩が誕生する。武勲詩とは国王や騎士を称える叙事詩のこと。なかでも『ローランの歌』は最古クラスの武勲詩であり、アーサー王伝説に並ぶ騎士道物語だ。しかし、主人公はあくまでも騎士ローラン［↓P18］であり、ここに登場するカール大帝は、悪い部下に騙されてローランを窮地に立たせる、泣く、不機嫌になるなど、「偉大な王」とはほど遠い姿で描かれている。

また、カール大帝に仕える12勇士の活躍や冒険譚をまとめたほかの叙事詩でも短気を起こして部下を疑う、傲慢なドラ息子を偏愛するあまり大切な騎士を失う……など、パッとしないエピソードが多い。さらにカール大帝に仕えた文筆家エインハルドゥスの著作『カール大帝伝』では、「カール大帝が妹と近親相姦の上、ローランをうませた」という衝撃的なエピソードまで登場するのだ。

のちに聖人に列され、公明正大な王として教会に支持されるカール大帝だが、市井の人々がうみ出した物語では、物語の主役である騎士たちの引き立て役として、騎士道物語に華を添えるのである。

Roland
ローラン

別名 オルランド、ローランドなど

生没年 不明
地位 聖騎士
ゆかりの地 イスパニア（スペイン）など

武勲詩『ローランの歌』の主人公

史実ではカール大帝［→P14］の軍に馳せ参じた兵であり、戦死したとされる人物だ。しかし、のちにつくられた武勲詩群では、彼はカール大帝の甥であり、12勇士（聖騎士《パラディン》）のひとりとして登場。魔剣と魔法の角笛をもつ豪傑として描かれ、さらに美女との恋、化け物との戦い、そして壮絶な最期まで、史実にはない冒険譚が紡がれる。

デュランダル（デュリンダナ）

ローランが携える聖剣。もとはトロイア戦争で著名なトロイの王子ヘクトルとその子孫に伝わっていたが、ローランが奪い取った。ローランは死に際、愛剣が敵の手に落ちるのを防ぐため、デュランダルを壊そうと岩に叩きつけるが、逆に岩の方が割れてしまったという。ピレネー山脈にある「ローランの裂け目」がその岩とされ、現在は観光スポットになっている。

物語で大きく取りあげられた勇猛な騎士

史実のローランはカール大帝がスペインへ侵攻した際、バスク軍に奇襲を受け戦死した兵のひとり。しかしなぜかこの人物が、11世紀頃、名もなき吟遊詩人によってつくられた叙事詩群においてはカール大帝の甥として登場する。なかでも有名な『ローランの歌』では、主人公として取りあげられている。

『ローランの歌』における彼は魔法の角笛オリファンと、聖剣デュランダルをもつ聖騎士だった。しかしカール大帝の軍がスペインへ侵攻した際、ローランは義父ガヌロンの恨みを買う。ガヌロンは彼を陥れるために、密かにスペイン王マルシリウスと内通し、マルシリウスから貢物を受け取りに最低限の装備でやって来るローランを、全軍で取り囲んで殺害する計画を提案。この「ロンスヴァルの戦い」で聖騎士たちは次々と命を落とし、ローランもまた最後の数騎になるまで戦い抜くが散り、天に召された。

時には恋に溺れる人間的な面も

そんな雄々しい話の一方で、カール大帝にまつわる民間伝承『シャルルマーニュ伝説』を土台につくられた叙事詩『恋するオルランド（オルランドはローランのイタリア語形）』などでは生き生きとした人間味あふれるローランを見ることができる。これらの物語におけるローランは、美しい姫アンジェリカに恋をし、大冒険を繰り広げる騎士として描かれる。実は彼女、カール大帝を陥れるために中国から送られてきたのだが、彼女に一目惚れしたローランはそのようなことも構わずアンジェリカを求めて旅をする。とうとう彼女の痕跡を見つけたローランだが、アンジェリカはすでに別の男性と結婚したあと。ショックのあまり発狂した彼は裸で大暴れするという醜態を晒すのだ。そんな彼を正常に戻したのは騎士仲間であるアストルフォ［→P22］。この物語にはローランだけでなく、騎士仲間の冒険、魔女、巨人、魔法のアイテムなども登場し『ローランの歌』よりもさらに現実離れした壮大な物語となっている。

ローランは古くから自由と独立の象徴として人気が高く、ブレーメン市庁舎前に建てられたローランの像はユネスコの世界遺産に登録された。このように彼の名は数千年の時を超えてなお、後世に残り続けている。

Astolfo
アストルフォ

生没年 不明
地位 聖騎士
ゆかりの地 エチオピアなど

仲間のローランを救うために月へ旅立った

カール大帝［↓P14］が抱える12勇士（聖騎士《パラディン》）のひとり。ただし先のローラン［↓P18］と違って史実にその名が残らず、民間伝承『シャルルマーニュ伝説』を土台にした武勲詩などにのみ存在する架空の人物だ。非常に美男子かつイングランド王の子息で家柄もよかったが、おっちょこちょいで失敗が多く、騎士としての腕前はそれほどでもなかったようだ。しかし数々の魔法のアイテムを手に入れた彼は世界中、果ては月にまで旅をして仲間の危機を救うことに奔走。恋に敗れたショックから裸で暴れるローランを、月で手に入れたアイテム〝思《し》慮分別《りょぶんべつ》〟を用いて正常に戻したのは、誰であろうこのアストルフォだ。

Rinaldo
リナルド

別名 ルノー・ド・モントーバンなど

生没年 不明
地位 聖騎士
ゆかりの地 ケルン（ドイツ）など

死後に守護聖人となった聖騎士

史実ではその名が見られず、叙事詩群にのみ登場する架空の人物。彼は名馬バヤールとともに数々の戦いをカール大帝［→P14］のもとでこなし、時に妹の恋を応援するよき兄として物語を盛りあげる。多くの騎士が命を落としたロンスヴァルの戦いを生き延びたが、カール大帝が偏愛する王子の機嫌を損ねたことで王との間に亀裂が入った。母の取りなしで許されたものの、王子によってバヤールを殺された彼は騎士を引退。放浪の末に教会建築の仕事に従事するも、工事仲間に殺されるという悲惨な最期を迎えた。彼の遺体があったという場所には聖リナルド教会が建てられ、彼はその地の守護聖人となった。

Bradamante

ブラダマンテ

生没年 不明
地位 聖騎士
ゆかりの地 ブルガリアなど

異教徒に恋をした最強の女騎士

騎士道物語には珍しい女性騎士、ブラダマンテ。カール大帝（シャルルマーニュ）［→P14］の抱える12勇士のうちのひとりとされているが、もちろん彼女もほかの多くの騎士と同じく架空の人物である。

彼女が登場するのは『シャルルマーニュ伝説』をもとにした『恋するオルランド』などの叙事詩群。この物語で彼女はルッジェーロと呼ばれる異国の男性と恋に落ちる。しかし彼は敵でもあるイスラム教徒だった。恋か宗教か、彼女は思い悩むこととなる。

しかし、ルッジェーロが魔法使いに捕まったと聞いた彼女は、悩みを打ち捨て多くの難関を破って進み、彼を魔法使いから救出するのである。しかし再会を楽しむ間もなく、ルッジェーロがヒッポグリフ（上半身がワシ、下半身が馬の伝説の生物）にさらわれ、またふたりは離れ離れになってしまう。このあともすれ違いや誤解などが続き、ふたりはなかなか結ばれない。

ルッジェーロは彼女のためにキリスト教へ改宗するのだが、それでもブラダマンテの両親はふたりの結婚を認めない。兄リナルド［↓P23］の取りなしも虚しく、彼女は無理矢理ギリシャの王子レオと結婚させられそうになった。そこでブラダマンテは「私と一騎打ちをして、勝った人と結婚しましょう」と宣言。多くの求婚者を打ち破ったブラダマンテを見たレオは、彼女に勝てないことを悟り、捕虜にしていた謎の騎士を自分の代役として試合に出させる。この謎の騎士こそルッジェーロだった。悩み抜いた彼は顔を隠して彼女との試合に挑み勝利。これでレオとブラダマンテの結婚が決まってしまう。しかしその後、ルッジェーロの真意に打たれたレオによって謎の騎士の正体が明かされ、ルッジェーロとブラダマンテは結ばれる。ルッジェーロはブルガリアの王位を継ぎ、ふたりは未来の王と王妃になったのである。

Godefroy de Bouillon

ゴドフロワ・ド・ブイヨン

生没年 1061年?～1100年

地位 ロレーヌ公、聖墳墓守護者

ゆかりの地 ゴルゴダの丘（イスラエル）など

エルサレム奪還の英雄にして真の騎士

第1回十字軍の指導者のひとり。母方の祖先はカール大帝［↓P14］であった。伯父のロレーヌ公ゴドフロワ・ル・ボシュから後継者として指名されるが、主君である神聖ローマ皇帝はゴドフロワが相続することを認めようとはしなかった。ゴドフロワは皇帝の信頼を得るために貢献を続け、伯父の死から11年後の1087年、ようやくロレーヌ公となったのである。

1096年、ローマ教皇ウルバヌス2世の呼びかけにより、十字軍（聖地エルサレムをイスラム教勢力からキリスト教徒へ奪還するための軍）への参加が広く呼びかけられた。この時、多くの領主たちは家族を残し、多額の戦費を必要とするであろう遠征に対して消極的であった。しかし、ゴドフロワは参加を表明。財産を投げ売って準備を整え、兄弟を伴って出発した。

この遠征でゴドフロワは貧弱な十字軍をまとめあげ、難攻不落の城塞都市アンティオキアを奪還するなどめざましい活躍を見せた。エルサレムに到着後は、ゴドフロワの強襲が功を奏して、勝利が決定的となる。エルサレム奪還後、ゴドフロワはエルサレム王に指名されるが、「キリストが落命した地の王は名乗れない」と辞退し、「聖墳墓守護者」という肩書きを得た。

しかし、この1年後にゴドフロワは命を落とす。彼が聖地を守ったのはごくわずかであったが、この間にイスラム指導者と交渉して物資を確保し、財源を安定させ、複数の拠点制圧を成し遂げていた。この土台を弟ボードゥアンが受け継ぎ、兄が辞退した初代エルサレム王となる。

ゴドフロワはラクダの頭を一太刀で切り落とす剣技と、三羽の鷲を同時に射るほどの弓技をもつ一方で、エルサレムの虐殺には加担せず、剣を振るう場をきちんと選んだという。死後、「模範的な真の騎士」として称えられ、ヨーロッパの騎士道を体現する「九偉人」のひとりに数えられている。

Philippe IV

フィリップ4世

別名 端麗王、美貌王など

生没年 1268年～1314年

地位 フランス国王、ナバラ国王

ゆかりの地 フォンテーヌブロー宮殿（フランス）など

物静かな美男子の激情と猛進

17歳の若さで即位したフィリップ4世は、たいへんな美男子であったことから端麗王と呼ばれたという。市民、聖職者、貴族による三部会を開催し、民衆の声を収集。また、法を学んだ識者にもよく意見を求めたという。控え目で無口であったとされているが、その胸の内には大きな志を秘めていた。

フィリップ4世は勢力拡大のためフランドル地方へと進軍したが、長期化により莫大な費用を要した。そこで、それまで非課税であった聖職者も課税対象とし、キリスト教会にも税を課した。これに反発したのが、時のローマ教皇ボニファティウス8世だ。中央集権を目指すフィリップ4世に対し、教皇至上主義を掲げるボニファティウス8世は真っ向から対立。教皇はフィリップ4世の破門を宣言したのである。フィリップ4世は軍を出し、故郷であるイタリアの山間都市アナーニに逃げ込んだ教皇を襲撃し1カ月にわたり監禁。のちに教皇は救出されたが、無念と怒りから体調を崩し、憤死した。一連のできごとはアナーニ事件と呼ばれる。

フィリップ4世はさらに、教皇に保護され莫大な資産を抱えているテンプル騎士団の存在を疎んじた。1307年、素行不良などを理由にテンプル騎士団を異端として一斉逮捕。騎士団長のジャック・ド・モレーら指導者たちは嫌疑を否定したが聞き入れられず火刑に処され、騎士団は解散となった（ただし現在は、歴史学者や教会がテンプル騎士団は冤罪であったとする見解を出している）。

フィリップ4世の死は、狩猟をしている最中に落馬し、その時の傷からの感染症、または脳卒中が原因であるとされている。しかし人々の間では、憤死した教皇ボニファティウス8世か、火にあぶられながら呪詛の言葉を吐いたジャック・ド・モレーの呪いとも囁かれた。

Bertrand du Guesclin
ベルトラン・デュ・ゲクラン

生没年 1320年〜1380年
地位 フランス王軍司令官
ゆかりの地 サン・ドニ教会（フランス）など

"鎧を着た豚"は百年戦争に身を投じる騎士へ

ベルトランはフランスのブルターニュに住む大所帯の長男として生を受けたが、母譲りの美貌をもっている兄弟に対し、彼だけは容姿に恵まれなかった。吟遊詩人ジャン・キュヴェリエによる『ベルトラン・デュ・ゲクランの年代記』には、浅黒い肌と灰色の瞳、低い鼻をもち、肩幅は広く中背であったとされている。彼が鎧を身につけて馬に乗る姿を見た人々は、「鎧を着た豚」と呼んだという。母ジャンヌは、ベルトランの容姿を嫌って冷遇。ベルトランは荒れ、暴力を振るうようになり、たびたび問題を起こした。その後、叔父のもとへ身を寄せると、彼を受け入れてくれた叔父・叔母とトーナメント（中世に流行した馬上槍試合）以外で暴力を振るわないと約束。ベルトランはこの約束を守り、試合では負けなしの実力者として、勇者と呼ばれるようになった。

やがて、ベルトランは戦いの場を試合会場から本当の戦場に移す。百年戦争初期に起きたブルターニュ継承戦争に、少人数の部下を引き連れてフランス王国軍として参加すると、小さな戦いを繰り返し、王の厩役で近衛兵のドードレーム卿を助けるなど、その名を徐々にあげていった。

シャルル5世が即位した直後のコシュレルの戦いで、ベルトランは敵を誘い出して伏兵で襲撃するという策で見事勝利、一気に名声を高めた。エドワード黒太子［→P128］の捕虜となったこともあったが、何度もイングランドを苦しめた。フランス王シャルル5世はこれらの功績を称え、ベルトランを王軍司令官に任命。王の命によりブルターニュへと進軍、勝利を重ねていたが、シャトー・ヌフ・ド・ランドンを攻めている最中、病で没した。

ベルトランは60年の人生を通して試合や決闘では負けなしであり、数多の戦争を生き抜いて功績を重ねた。百年戦争の形勢を逆転させた英雄であり、名誉や忠誠を重んじる崇高な騎士であったと評されている。

Jeanne d'Arc
ジャンヌ・ダルク

生没年 1412年～1431年

地位 フランスの軍人

ゆかりの地 ヴィユ・マルシェ広場（フランス）など

フランス救国の英雄にして聖女

男性の服を着て戦場に赴き、フランスの危機を救った百年戦争の英雄。農民の娘として慎ましい少女時代を過ごしたが、突如聞こえた神の声に従って国のために戦うことを決意。傷つきながらも戦場に立ち続ける姿は多くの人々を奮い立たせた。しかし、最期は敵に捕まり、異端審問にかけられた末に火刑に処された。1920年に列聖されている。

異端審問

カトリックの教えから外れる考えをもつ異端者を審問する仕組み。飢餓、不眠などの拷問を行い、異端を自白させる。自白しない場合は火刑に処された。

ジル・ド・レ

ジャンヌとともに戦った軍人。ジャンヌが処刑されると荒み、100人を超える少年を誘拐して殺害し大量虐殺者となった。詩人シャルル・ペローの作品に登場する殺人鬼「青髭」のモデルとする説がある。

神の声を聞き百年戦争に参加した農夫の娘

ジャンヌ・ダルクは、農家の娘としてうまれた。父を手伝い、家畜の世話などをして過ごしていたが、13歳頃に天使や聖人の声が聞こえるようになったという。その声に、フランスからイングランドを退け、王太子をフランス王にするよう告げられると、ジャンヌは従い、王太子のもとへと向かった。王太子は、預言を得たジャンヌをすぐには信じず、貴族の列に紛れ込んだ自分を見つけられるかどうか試練を課したという。結果、ジャンヌは見事に成功。その後も厳しい身元調査などを受けたが、すべての結果がジャンヌを純真で高潔なキリスト教徒であることを証明させた。こうしてジャンヌは従軍を認められ、敵であるイングランド軍に包囲され陥落寸前であったオルレアンへと赴く。

生涯を捧げたフランス王に見捨てられ火刑に

ジャンヌは、オルレアンに到着するやいなや積極的な進軍を提案し、自ら旗をもって先頭に立った。負傷してもなお進もうとするジャンヌの姿は、多くの兵を鼓舞。絶望的と思われていたオルレアンの解放に成功する。この勝利を皮切りに、イングランドに占拠されていた地域を次々と奪還。ジャンヌは兵たちの信頼を勝ち取り、王太子もお告げの通りノートルダム大聖堂で戴冠、シャルル7世となった。

その後もフランスのため奔走したジャンヌは、コンピエーニュへ援軍に出向いた際、敵軍に捕縛された。ところが、シャルル7世はジャンヌの身代金を払わなかった。彼女を用済みと感じていたためとも、彼女と敵対していた侍従長ジョルジュ・ド・ラ・トレモイユがジャンヌ不要論を吹き込んだためとも伝わるが、いずれにせよ自身を戴冠にまで導いた功労者を見殺しにしたのである。

ジャンヌはイングランドで異端審問にかけられた。字が読めなかったために供述宣誓書の改ざんに気づかず、知らぬうちに異端を認めさせられ死刑判決を受け火刑に処された。再審理が行われ、彼女が無罪となったのは死後20年以上のちのことである。

レベルファイブのゲーム『JEANNE D'ARC』では、処刑されたジャンヌは偽物であり、本物のジャンヌは生きて戦い続けるという展開が楽しめる。

Bayard
バイヤール

別名 ピエール・デュ・テライユなど

生没年 1474年〜1524年
地位 フランス騎士団長
ゆかりの地 フォルノーヴォ・ディ・ターロ（イタリア）など

騎士道の終焉を象徴する最後の騎士

代々騎士の一族の出身であるバイヤールは、子どもの頃から立派な騎士となるべく修行の日々を過ごした。やがて成長したバイヤールは騎士として身も心もフランスに捧げ、イタリア戦争を牽引した王たちに仕えることになる。

はじめに名を轟かせたのは、フランス王シャルル8世の軍の一員として出陣した1494年フォルノーヴォの戦いだ。彼の果敢な戦いぶりは「フランスの怒りの化身」と評された。次いでルイ12世の時代に入った1503年、イタリア戦争でスペイン軍に押されて撤退する際、バイヤールは最後尾に立ち、ガリグリアーノ橋で敵を食い止めて味方の退却を助けた。このことで、バイヤールの名声はフランス全土に広まったのだった。その後、バイヤールは多くの戦場に出ては活躍。1512年のブレシア侵攻では、足を槍で貫かれてもなおも突き進み、敵を倒したと伝わっている。

1515年、フランソワ1世とともにイタリアのマリニャーノへと進軍。剣や馬を失いながらも陣頭に立つ勇敢な王を、バイヤールは身を挺して守り抜いた。この貢献によりバイヤールは、フランソワ1世に「自分を騎士に叙任せよ」と命じられるなど、模範にすべき真の騎士とされた。

イタリア遠征の最中、敵軍と手を結んだブルボン元帥の裏切りなどで、フランス軍はついに撤退を余儀なくされた。勇敢なバイヤールはこの時も殿《しんがり》で味方を逃がしていたが、背中を銃で撃ち抜かれる。倒れたバイヤールは、側に寄ってきた裏切り者の元帥に対し「私を哀れむことはない。私は善き人として死ぬ。しかし、祖国と君主に背いた貴君は哀れだ」と語ったという。

この時、敵対していたスペイン軍を指揮するペスカーラ侯爵は、敵ながら崇高な騎士であったバイヤールの死を嘆き、彼が銃によって命を落としたことは、剣を手に戦う騎士の時代の終焉だと悟ったという。

Catherine de Médicis

カトリーヌ・ド・メディシス

別名 カテリーナ・ディ・ロレンツォ・デ・メディチなど

生没年 1519年〜1589年
地位 フランス王妃
ゆかりの地 サン・ドニ大聖堂(フランス)など

フランスを支配する喪服のイタリア人女性

フィレンツェの支配者的立場にあるメディチ家のロレンツォ2世と、フランソワ1世の親戚マドレーヌは政略結婚し、カトリーヌがうまれた。14歳になると両親のようにフランソワ1世の王子アンリ2世と政略結婚。結婚の際に彼女が持ち込んだイタリアの食文化が、フランス料理の礎になったと伝わる。

結婚生活は順風満帆とはいかなかった。夫アンリ2世は、40代でも美貌が衰えない〝美魔女〟のディアーヌ・ド・ポワティエに夢中だった。夫はカトリーヌよりも一回り以上年上の愛人との時間を好んだのである。

アンリ2世は1547年に即位するが、1559年、不慮の事故で命を落とした。カトリーヌは夫を悼み、以降は常に喪服を着用した。その後まだ若い息子たちが即位すると、カトリーヌは後見人として権力を握る。

この頃のフランスは、カトリックと新教《プロテスタント》が激しく対立していた。カトリーヌは、この状況をおさめるために娘マルグリットと新教派のアンリ・ド・ブルボンの政略結婚を成立させた。しかし、この結婚式で、新教派の重鎮の暗殺未遂事件が発生、数百人の新教派が国王シャルル9世に詰め寄ったのだ。気弱な王は母カトリーヌと一部の側近を呼び出し、秘密会議を実施。この時、何が決まったのかは現在も不明であるが、数日後、暴徒と化したカトリック教徒たちが新教派を虐殺。その動きはフランス全土に広まり、たった2日で五千人以上が殺害された（サン＝バルテルミの虐殺）。事件の首謀者とされたカトリーヌの人気は失墜、彼女は死後も「フランスを襲う不幸のすべての元凶」として疎まれ続けることとなった。

現代で彼女を活躍させられる場は、ゲーム『大航海時代6』にある。ゲーム内のカトリーヌは航海、探検に対して有能。知的で好奇心が強く、行動的だったといわれるカトリーヌらしい能力を与えられている。

Charles de Batz Castelmore

シャルル・ド・バッツ・カステルモール

別名 ダルタニャンなど

生没年 1615年?~1673年

地位 フランス銃士隊隊長代理

ゆかりの地 ガスコーニュ(フランス)など

小説の主人公にもなった銃士隊長

小説『三銃士』に登場する主人公ダルタニャンのモデル。1615年前後にうまれたとされているが、正確には不明。何番目の子だったのかもわかっていないが少なくとも長男ではなく、家を継ぐ必要がなかったため、パリで銃士になる。やがて銃士隊の隊長代理となって活躍。史実でも母方の姓であるダルタニャンを名乗っていたとされる。

アトス・ポルトス・アラミス

ダルタニャンの仲間となる三人の銃士で、小説『三銃士』のタイトルもこれに由来する。アトスは三銃士のなかで最年長でありリーダー的存在。無口で暗いが、王族のような気風を漂わせる高潔な人格。ポルトスは、見栄っ張りだが豪放磊落な性格で牛を素手で殺せるほどの怪力。アラミスは三銃士のなかで最年少。剣や銃など武器の扱いに優れ、好戦的な性格。女性関係がかなり派手である。

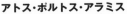

王も信頼を寄せる忠義と優しさの銃士

シャルル・ド・バッツ・カステルモールは10代のうちにパリで銃士になったとされるが、詳細はわかっていない。所属していた銃士隊が解散されると、フランス宰相ジュール・マザランのもとで伝令などをしていた。その仕事ぶりを認めたマザランの推挙もあって、近衛歩兵連隊の隊長代理となる。

フランス王ルイ14世［→P44］の号令で銃士隊が再結成されると、シャルルは隊長代理を務めることとなった。肩書きは代理ではあるが、銃士隊長は形式的にルイ14世だったため、実質的な銃士隊長はシャルルであったとされる。

ルイ14世の不興を買って失脚した大蔵卿ニコラ・フーケを逮捕し、護送する任務に就いたシャルル。護送の馬車を見守る人々の中にフーケの妻と子がいることに気づいた彼は、馬車をゆっくり走らせた。逃走防止のため馬車を止めることを禁止されたフーケにとって、唯一の家族との離別の機会となった。この粋な計らいを人々は称えたという。その後シャルルは仏蘭戦争の最中に銃で頭を撃たれ戦死した。

銃士になる夢を抱いた青年ダルタニャン

シャルルが主人公のモデルとされている小説『三銃士』。小説家アレクサンドル・デュマ・ペールが新聞に連載したもので、銃士を夢見てパリに上京した主人公ダルタニャンの活躍を描く。なかでも生涯の友となる三銃士アトス、ポルトス、アラミスとの出会いや、彼ら4人が友情を誓うフレーズ「みんなはひとりのために、ひとりはみんなのために」は有名だ。

主人公ダルタニャンの名は創作ではなく、シャルル自身が使用していたものであると伝わっており、名乗った理由は、近衛歩兵連隊のカラーガードを務めていた祖父ジャン・ダルタニャンのコネクションを活用するためだったと考えられている。当時、親族のコネクションを利用することは日常茶飯事であり、彼もまた、通りのよい祖父の名を名乗ったのだろう。この名は現代においても通りがよく、むしろ本名の方が知られていないのではないだろうか。

現代ではアプリゲーム『モンスターストライク』で活躍が見られる。素材を集めて育てると、フランス元帥やフランス王の肩書きをつけられる。

Louis XIV

ルイ14世

別名 太陽王など

生没年 1638年〜1715年

地位 フランス王

ゆかりの地 ヴェルサイユ宮殿（フランス）など

国家＝王を体現し贅の限りを尽くした太陽王

ルイ14世が国王の座に就いた時、彼はまだ5歳であった。そこで宰相ジュール・マザランが、若すぎる国王に代わって政治を行った。宰相らは重税を課して王権の強化を図るが、1648年にフロンドの乱という形で貴族らの不満が爆発。幼いルイ14世も民衆に迫られて一時パリから脱出するが、この反乱は国王軍により鎮圧され、結果として王権の強化に繋がった。

宰相マザランが死亡すると、ルイ14世による親政がはじまる。自らの手ですべてを取り仕切ることを宣言したルイ14世は、周囲から自身を監督する者を排除し、忠実なイエスマンだけを残した。王こそが国そのものという方針を徹底的に実現したのである。彼が発したとされている「朕は国家なり」という言葉がまさにすべてであった。

ルイ14世の権威を目に見えるわかりやすい形で表現したのが、1682年に建てられたヴェルサイユ宮殿である。贅を尽くした絢爛豪華な宮殿を何年も歳月をかけて造設し、数千人にも及ぶ召し使いや芸術家らとともに移り住んだ。夜な夜な饗宴が催され、まさに太陽王の呼び名にふさわしく輝かしい暮らしぶりであったという。王は身長が低く少しでも背を高く見せるためにかつらを着用し、ヒールの高い靴を履いたという。見た目にもずいぶんこだわっていた彼の豪奢な姿が描かれた肖像は、パリのルーヴル美術館に展示されている。

またルイ14世は戦争も好んだ。領土拡大を目的にヨーロッパ諸国を相手取り、実に長い時間と莫大な財産を戦争に費やした。前戦で積極的に戦うというよりは、戦場に赴いて有利な戦況を眺めていたという。彼にとっては戦争すら国力、すなわち自分自身の力を見せつける自慢の場であったのだろう。

しかし、贅沢な暮らしや長年にわたる戦争は国庫を圧迫。ルイ14世が76歳で没する頃には、財政難とともに王権にも陰りが見えはじめていた。

Chevalier d'Eon

シュヴァリエ・デオン

別名 デオン・ド・ボーモンなど

生没年 1728年～1810年

地位 フランス王のスパイ

ゆかりの地 ユゼス公爵邸（フランス）など

ルイ15世のスパイは女性か男性か？

デオンは弁護士ルイ・デオン・ド・ボーモンの「息子」としてうまれた。デオンは法学、経済、芸術、馬術や剣術など、あらゆる分野に興味をもってよく学び知性に溢れ、さらにたいへんな「美青年」であったという。そんな彼に注目したのが、フランス王ルイ15世である。王はデオンを私設機関に所属させ、直接特命を受ける秘密の外交官、いわゆるスパイとしての任務を与えた。

デオンは王の命令により女装し、ロシアへと潜入した。時のロシア皇帝エリザヴェータは、フランスの作法やファッションに強い興味を抱いていた。そんな折に現れた美しいフランス人「女性」のデオンを気に入り、フランス語の家庭教師として重用。この時デオンが得た情報や行った工作が、ロシアとフランスの同盟に大きく貢献したとされている。帰国後は竜騎兵士官として七年戦争を戦い抜き、その働きによりシュヴァリエ（騎士）の称号を得た。

戦争後は王のスパイに戻りイギリスで活動。男性と女性の姿を行き来して活躍するデオンを見て、人々はデオンの本当の性別はどちらなのかを議論し、ついには賭けまで行われた。デオンも出生時から「女性」であったと、女性を自称するようになり、フランス王妃マリー・アントワネット［→P48］からドレスを贈られている。フランス革命のあとは生活に困窮し、見世物として女装フェンシングなどもしていたが、静かに天寿を全うした。デオンの遺体は検死にかけられ、解剖学上は「男性」であったことが明らかになっている。

デオンは、マンガ『ベルサイユのばら』のオスカル・フランソワ・ド・ジャルジェのモデルといわれる。オスカルは、デオンとは逆の男装した女性である。また、アプリゲーム『Fate/Grand Order』に登場するデオンは、特定の性別を対象とするスキルを無効化する能力をもつ。男性であり女性でもあるデオンは、現代に至るまで人々を惑わし続けている。

マリー・アントワネット

Marie Antoinette

別名 マリア・アントーニア・ヨーゼファ・ヨハンナなど

生没年 1755年～1793年

地位 フランス王妃

ゆかりの地 ヴァレンヌ＝アン＝アルゴンヌ（フランス）など

退屈を死よりも恐れた天真爛漫王妃

オーストリア皇妃マリア・テレジア［→P94］の娘。フランスとオーストリアの和睦の象徴として、フランス王太子ルイ（のちのルイ16世）と結婚。若さもあったのだろうが、わがままで贅沢を好む浪費家で、国民に対する責任感は悪気なく皆無であった。国民から好意的に見られたのはほんの一時であり、フランス革命を迎えると強く恨まれた。

ルイ16世

マリーの夫でフランス国王。拷問の廃止、三部会の招集など国営改善に努力をしたが、その三部会が民衆を目覚めさせる一助となりフランス革命に散る。

「パンがないならケーキを食べればいいじゃない」

マリーが貧困に苦しむ農民に向けて言ったとされてきたが、彼女の言葉でないことが判明している。マリーの発言とされたのには、ひとえに彼女の悪評と人望のなさによるところが大きい。

我が物顔で嫁いできた〝オーストリア娘〟

マリー・アントワネットの性格を言葉で表すと、よくいえば無邪気な自由人、悪くいえば無責任な浪費家といったところだろうか。衣装代だけで、現在の日本円換算で年間約10億円以上ともいわれている。国民は彼女をよく思わず、イメージアップのために描かせた肖像画が顰蹙《ひんしゅく》を買ったこともあった。

14歳でフランス王太子ルイに嫁いだマリーは、夫との不仲もあり、スウェーデンの貴族フェルセンと恋に落ちる。フェルセンもマリーを愛したが、ルイが戴冠するとマリーの悪評を危惧して側を離れた。しかし、浪費に加えて政治に口を出すなどの問題行動でマリーの評価は落ちる一方であった。

マリーと不仲の枢機卿ロアンは、ラ・モット伯爵夫人から「マリーとの仲を取りもつ」と贈り物の首飾りの購入を勧められ、言われるがまま代金を支払う。しかしマリーに首飾りは贈られなかった。この首飾り事件はラ・モット伯爵夫人が首謀しロアンの金をくすねた詐欺だったのだが、マリーが手引きしたと噂が広がり、彼女は一層嫌われた。マリーはこの件に関しては名を騙《かた》られた被害者なのだが、日頃の行いの悪さが人々に噂を信じさせてしまったのだろう。

逃亡で発揮された天性の危機感のなさ

フランス革命が勃発すると、フェルセンはパリに戻りマリーとルイ16世を逃がす計画を立てた。これがヴァレンヌ逃亡事件に繋がる。しかし逃走に際して、マリーが豪華な馬車や新しい衣装を要求したことで計画は遅延。さらに、逃走中も馬車に大量の荷物を乗せたことで移動速度は落ち、途中の村ではのんびり食事をするという有様であった。ゆっくり証拠をばらまきながらピクニックのように逃げていたマリー一行が捕まったのも、当然の結末といえる。

その後、フランスとオーストリアの関係が悪化。マリーはオーストリアの手先とされ、フランス国民にとってもはや敵同然であった。そしてついに革命が勃発、夫に次いでギロチンで処刑された。処刑の際は、処刑人サンソン［→P54］の足をうっかり踏んだことを詫びるなど、堂々としていたと伝わる。

マリーが描かれたゲームやマンガは多いが、なかでもマンガ『ベルサイユのばら』では、フェルセンとの恋愛を中心に、彼女の人生を知ることができる。

ラ・ファイエット侯爵

Marquis de La Fayette

別名 ジルベール・デュ・モティエなど

生没年 1757年〜1834年
地位 フランス侯爵、国民衛兵指令官
ゆかりの地 シャヴァニアック＝ラファイエット（フランス）など

三色旗を掲げ自由のために戦う革命児

裕福な侯爵の家にうまれたラ・ファイエット（本名ジルベール・デュ・モティエ）は、古いものに固執するよりも合理的な考えをもつよう教育された。父は軍人で、彼が幼い時に戦死している。しかし、彼もまた父と同じように軍人として名をあげていきたいと考えた。14歳で軍に入り、まもなく中尉に。しかし、彼が活躍できるようなチャンスはなかなかめぐってこなかった。

くすぶっていたラ・ファイエットにとって、アメリカ独立戦争は魅力的であった。彼は数人の仲間とともに、義勇兵としてアメリカに渡った。一時帰国したラ・ファイエットはフランス王ルイ16世に参戦を説得。結果、王はアメリカ

の独立を支援する立場となる。再度アメリカに渡った彼が乗った帆船エルミオンヌ号は、2015年に米仏友好の証として復元された。

帰国後、アメリカ憲法に触れたラ・ファイエットは絶対王政に疑問を抱き、フランス革命が勃発すると人権宣言を起草。パリ市の青と赤の標章に王政を示す白を加えた三色旗《トリコロール》を掲げた。民衆は彼をアメリカとフランス両大陸の英雄であると称えたが、貴族には裏切り者と目されていた。ラ・ファイエットは国民軍の司令官となり治安維持に取り組んだが、徐々に名声に陰りが見えはじめ、共和派の集会に対して国民衛兵隊に無警告で発砲させたシャン・ド・マルスの虐殺を起こしたことで信用は失墜。オーストリアへ亡命した。

ナポレオン即位後にフランスへ戻り政治に関わることなくひっそりと暮らしたが、七月革命が勃発するとラ・ファイエットは国民軍司令官に再任され、フランス王ルイ・フィリップを支持。王を三色旗で覆うことを人生最後に成し遂げた彼は、1834年にこの世を去った。両大陸の英雄「ラ・ファイエット」の名は、今もアメリカの道路の名前やフランス海軍の空母に残る。何より彼が掲げた三色旗はフランス国旗として今もはためいている。

Charles Henri Sanson

シャルル・アンリ・サンソン

別名 ムッシュ・ド・パリなど

生没年 1739年〜1806年
地位 死刑執行人
ゆかりの地 コンコルド広場（フランス）など

敬愛する王を処刑した執行人

サンソン家は代々パリの死刑執行人を受け継ぐ家系で、シャルル・アンリ・サンソンはその4代目である。美青年だが、死刑執行人は人々に嫌われる仕事であったため、身分を隠したうえで女性とよく遊んでいたという。

サンソンは死刑執行人だが死刑制度に反対であった。そのため、拷問を廃止したフランス王ルイ16世に期待し慕っていた。王との初対面は、給料未払いで借金をしたサンソンが、状況の改善を訴えるために謁見した時であった。そこで王はサンソンが投獄されないよう部下に書状を作成させるが、誰にも尋ねずサンソンのフルネームを言った。これを見たサンソンは、王が自身の名を記憶してくれていたことに感銘を受け、その人柄を好きになったとされる。王の部屋を辞したあと、サンソンは王妃マリー・アントワネット［↓P48］と王の妹エリザベートを見かけたという。この日出会った王族たちを皆、のちに自身が処刑するとは夢にも思わなかったことだろう。2度目の面会は、死刑に導入されるギロチンを検討する会議であった。一説にはギロチンの刃は当初半月状であったが、王の意見で改良されたといわれている。

そして、3度目の面会はフランス革命後の処刑場。サンソンはルイ16世処刑の日、同じく処刑人であるふたりの弟と警備を任された息子とともに完全武装していた。王を助けようと人々が蜂起した際、呼応して王を逃がすためだという。しかし、期待していたことは起こらず刑は執行。王の首を落としたのは、皮肉にも王が改良したギロチンであった。サンソンはその夜から毎年ルイ16世の命日に、禁止されていたミサを隠れて行い、王のために祈ったという。

マンガ『ジョジョの奇妙な冒険』第7部主人公のジャイロ・ツェペリはサンソンがモデル。ツェペリもまた死刑執行人の一族で無実の少年を救うために立ちあがる。マンガ『イノサン』はサンソンの生涯を史実に寄せて描いている。

Maximilien Robespierre

マクシミリアン・ロベスピエール

生没年 1758年～1794年
地位 政治家、革命家
ゆかりの地 ジャコバン・クラブ跡地（フランス）など

謹厳実直な性格ゆえに処刑されたフランスの革命家

数あるフランス革命関連の物語の中で、人々を恐怖に陥れたダークヒーローとして描かれることの多いロベスピエール。本名は、マクシミリアン・フランソワ・マリー・イジドール・ド・ロベスピエールという。

いわゆる左翼と呼ばれるジャコバン派に属していたロベスピエールは、フランスが王政から共和政へと変化するきっかけをつくった。ルイ16世の処刑を見届けると、絶対的な権力と巧みな話術を駆使して右翼のジロンド派の議員たちを次々に逮捕&処刑。その後も、貴族や市民といった身分に関係なく、自身に反する者たちを処刑していき、その数は2万3000人にものぼるとされる。

ロベスピエールの天下は、ルイ16世の死からテルミドールの反動で処刑されるまでのわずか1年半しかなかったが、その間は「テルール（＝恐怖政治）」と呼ばれ、これが「テロリズム」の語源になったとか。このように、パリの人々を恐怖に陥れたロベスピエールだが、その裏には、貧しい生い立ちや清廉潔白すぎる性格が大きく関係していた。

１７５８年にフランスの北部でうまれたロベスピエールは、幼い頃に母親を亡くし、弁護士だった父の手伝いをしながら暮らしていた。貧しいながらも勉学に励み、奨学金を受けながらパリの名門校を好成績で卒業、１７８１年には弁護士事務所を開業した。雄弁と知性を武器に、三部会では第三身分（平民）の代表に、国民公会では議員に選出されて、着実に頭角を現していった。

この時ロベスピエールを突き動かしていた情熱は、「階級のない自由で平等な社会の実現」という市民を想う純粋な気持ちにあった。しかし悲しいかな、ロベスピエールの気持ちは空回り。王政廃止からのルイ16世の処刑、共和政樹立のための厳しい規則・罰則の設置でパリの人々を苦しめた。市民に清廉潔白であることを求めたロベスピエールは、市民の手によって処刑とされた。

Napoléon Bonaparte

ナポレオン・ボナパルト

別名 ナブリオーネ・ブオナパルテなど

生没年 1769年〜1821年
地位 フランス皇帝
ゆかりの地 コルシカ島（フランス）など

不可能をことごとく可能にした皇帝

地中海の西にあるコルシカ島出身。貴族という地位の恩恵のみならず、人並み外れた統率力と軍事的才能を発揮し、出世。クーデターで政府を倒しフランス革命を収束させ、1804年にはフランス皇帝としてヨーロッパの大半をその手中におさめた。真偽諸説あるが「余の辞書に不可能の文字はない」という言葉を残したとされる。

ナポレオン法典
クーデター後、第一統領となったナポレオンが公布した民法典。フランス革命の影響も受けており、法のもとでは皆平等であるとされている。以降、世界各国の民法の見本となったといわれる。

ジャック・ルイ・ダヴィッド
ナポレオンの首席画家。代表作『サン・ベルナール峠を越えるボナパルト』は、白馬に乗るナポレオンの姿が印象的。しかし実際はロバであった。

島うまれの軍人が皇帝へと駆け上った

コルシカ島にうまれたナポレオン・ボナパルトは、故郷を出て入学した士官学校を卒業後、王党派の反乱を鎮圧して一気に名をあげる。ナポレオンはすでに民衆から英雄と称えられ、イタリア遠征軍の司令官に。ここから、彼の超人的な活躍がはじまった。対仏大同盟を解体させたナポレオンは、次いでエジプトの陸戦でイギリスに勝利。しかし海上戦で敗北を喫し、エジプトに孤立する。その間に第二次対仏大同盟の結成を知ったナポレオンは、部隊の大半をエジプトに置いたままパリへ帰国。クーデターにより政府を倒し政権を握ると、国民投票で圧倒的な支持を得て皇帝へと上りつめた。ナポレオンは銀行を設立し、税制改革を行って国政を安定させるなど、内政でも手腕を発揮した。

皇帝ナポレオンは戦争を続け、神聖ローマ帝国を解体させた。しかし、ロシア遠征に失敗。退位したナポレオンはエルバ島に流される。だが彼は野望を諦めることなくエルバ島から脱出。パリへ戻ると民衆に歓迎され、フランス王ルイ18世は逃亡した。皇帝に返り咲いたナポレオンだがウィーン会議はこれを認めず、ワーテルローの戦いが勃発。敗れたナポレオンは、またも退位することになった。この、あまりに短い2度目の在位は「百日天下」といわれる。ナポレオンはセントヘレナ島に流され、今度は脱出することなく永眠した。

意外にも一途なフランス皇帝

皇帝となったナポレオンの恋愛は、意外にも一途な傾向にあったようだ。最初の妻ジョゼフィーヌを深く愛し、遠征先からも熱烈な手紙を送っている。妻は当初は冷めており浮気もしていたが、のちに反省してナポレオンを愛するようになる。子どもができなかったことから離婚するが、ナポレオンが再婚したあともふたりは友人として親しいつきあいを続けたという。そして、ナポレオンが病床で最期に呼んだ名は、ジョゼフィーヌであったという。

ナポレオンを題材とした映画や小説は、死去の翌日から伝記が執筆されたといわれるほど多くうみ出されており、ナポレオン関連のウォーゲームは「ナポレオニック」という独自ジャンルとして成立している。長い世界の歴史を見てもナポレオンの活躍は突出しており、いつまでも魅力が尽きないのである。

ジャンヌ・ダルクの進軍を支え続けた忠臣ジル・ド・レ

2章 ドイツ・イタリアの英雄

かつて栄華を極めたローマ帝国のあったイタリア、そしてローマ帝国の再興をめざし、ローマ教皇を支え続けた神聖ローマ帝国。両国は分裂と併合を繰り返すが、近代化したほかの国々によって解体されてしまった。

中世～近世ドイツ・イタリア年表

年	おもなできごと
962	オットー1世が教皇よりローマ皇帝位を授かる（神聖ローマ）
1077	カノッサの屈辱（神聖ローマ）
1152	フリードリヒ1世が即位（神聖ローマ）
1273	ハプスブルク家のルドルフ1世が皇帝に（神聖ローマ）
1300頃	マルコ・ポーロの『東方見聞録』が完成する（イタリア）
14世紀	ウィリアム・テルの活躍（スイス）
1450頃	イタリア＝ルネサンス最盛期（イタリア）
1469	ロレンツォ・デ・メディチがフィレンツェを支配（イタリア）
1483頃	レオナルド・ダ・ヴィンチが「岩窟の聖母」を描く（イタリア）
1493	マクシミリアン1世が即位（神聖ローマ）

オットー1世 ▶P66
マルコ・ポーロ ▶P74
ウイリアム・テル ▶P72
レオナルド・ダ・ヴィンチ ▶P82
ロレンツォ・デ・メディチ ▶P80

フリードリヒ1世▶P68

マクシミリアン1世▶P76

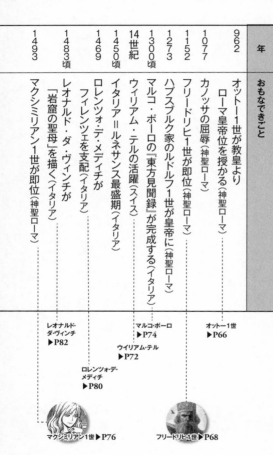

1500頃	チェーザレ・ボルジアが教皇領を拡大（イタリア）
1517	マルティン・ルターが教会への批判文書「95カ条の論題」を発表（神聖ローマ）
1524	ドイツ農民戦争（神聖ローマ）
1618	三十年戦争が勃発（神聖ローマ）
1648	ウェストファリア条約で神聖ローマ帝国解体
1701	スペイン継承戦争が勃発（オーストリア）
1740	マリア・テレジアが即位（オーストリア）
1740	フリードリヒ2世が即位（プロイセン）
1756	七年戦争が勃発
1786	モーツァルトがウィーンで『フィガロの結婚』を上演（オーストリア）
1796	ナポレオン［→P58］のイタリア遠征はじまる（イタリア・オーストリア）
1806	ライン同盟で神聖ローマ帝国が消滅
1806	ゲーテが『ファウスト』第1部を発表（プロイセン）
1813	ナポレオンがライプツィヒの戦いで敗北（プロイセン）
1814	ウィーン会議

フリードリヒ2世
▶P92

アルブレヒト・フォン・ヴァレンシュタイン
▶P88

ヴォルフガング・アマデウス・モーツァルト
▶P98

オイゲン・フランツ・フォン・ザヴォイエン
▶P90

マリア・テレジア▶P94

チェーザレ・ボルジア▶P84

ヨハン・ヴォルフガング・フォン・ゲーテ
▶P102

Otto I

オットー1世

別名 オットー大帝など

生没年 912年～973年

地位 東フランク国王、イタリア王、神聖ローマ皇帝

ゆかりの地 マクデブルク（ドイツ）など

異教徒の侵略からキリスト教国を守った英雄

カール大帝〔→P14〕がまとめたフランク王国は、カロリング朝が途絶えると3つに分裂し、東フランク王国はドイツ王国となった。初代国王ザクセン公ハインリヒ1世の跡を継いだのが、のちの神聖ローマ帝国皇帝となるオットー1世だ。するどい政治感覚をもっていたオットー1世は、血縁者を使って反発する部族勢力を抑えるよう務めたが、近親者による統治の脆弱さを知り、宗教による統制に転向。当時の絶対的権力であったキリスト教の司教や修道院長を取り込む「帝国教会政策」でドイツ王国をまとめあげたのだ。

その後、オットー1世にローマ教皇領に近いイタリア王国を手にするチャン

スが舞い込んできた。当時のイタリアは、カロリング朝断絶の影響で跡継ぎ争いに揺れており、渦中にいたイタリア王ロタール2世の未亡人アーデルハイトは王位簒奪者から狙われていた。この窮地を脱するために、彼女はオットー1世に救いの手を求めたのだ。オットー1世が無事にイタリア諸侯を制圧すると、すでに前妻を亡くしていた彼はアーデルハイトと再婚。イタリア王の座を手にすることとなった。この時、オットー1世は39歳、アーデルハイトは21歳。18歳差の年の差夫婦だったが、夫婦仲はよく3男1女をもうけた。

オットー1世は955年レヒフェルトの戦いで、異教徒民族マジャール人を撃破し「キリスト教国を守った英雄」と称えられた。すると、時のローマ教皇ヨハネス12世が、オットー1世の強さを見込んで、ローマ皇帝の地位と引き換えに、自身を脅かしていたイブレア辺境伯の討伐を依頼してきた。これを快諾したオットー1世は、見事イブレア辺境伯を打ち破り、北イタリアを支配下に置いた。962年、功績を称えられたオットー1世は、ヨハネス12世より「神聖ローマ帝国皇帝」の帝冠を授かり、これより800年以上続くこととなる神聖ローマ帝国の初代皇帝となった。

フリードリヒ1世

Friedrich I

別名 バルバロッサ（赤髭王）など

生没年 1123年?～1190年

地位 神聖ローマ皇帝

ゆかりの地 ブルグンド（フランス）など

謎の死を遂げた赤髭のドイツ王

イタリアを支配下に置こうと頻繁に遠征を行った勇猛な人物。特徴的な赤毛・赤髭から、「バルバロッサ（赤髭王）」の異名で親しまれた。ローマ教皇より、ヨーロッパの名君3人衆のひとりとして第3回十字軍遠征の命を受けると、ふたりを残して順調に軍進していたが、小アジアの川で死亡。死後、ドイツの危機に現れるという伝説ができた。

ロンバルディア同盟

北イタリアの諸都市が、反バルバロッサを表明する際に組んだ同盟。何度も攻めてくるフリードリヒ1世を一度降参させ、国王大権行使を放棄させたものの、代わりに上納金を求められたことでまた奮起し、ドイツ軍と対立。ローマ教皇アレクサンドル3世の後押しやドイツ軍内でのハインリヒ獅子公の離反などが重なり、1176年にレニャーノの戦いでドイツ軍に勝利した。

イタリア遠征には失敗するも国内を安定させることに成功

フリードリヒ1世は、四肢は均整が取れ、胸板は力強く、身体は締まり、男らしかったとされ、赤髭をたくわえていたことから「バルバロッサ（赤髭王）」という異名がついた。フリードリヒ1世がうまれたホーエンシュタウフェン家は、長らくの間、当時最強のヴェルフェン家とのいざこざに悩んでいた。そこでフリードリヒ1世は、いとこでもあるヴェルフェン家のハインリヒ獅子公に領地を授けるなどの好待遇を行い、両家の和解を成立させた。

1155年、フリードリヒ1世は神聖ローマ皇帝を戴冠し、ローマ帝国の再興を夢見て、イタリアへの政策に集中した。その証拠に、治世中5回もイタリア遠征を行っている（諸説あり）。しかし、これをよく思わなかったローマ教皇アレクサンデル3世や北イタリア市民と敵対、教皇の命を受けたロンバルディア同盟と争うことになる。結果、イタリア政策に関心をもたなかったハインリヒ獅子公の裏切りでフリードリヒ1世軍は敗北。フリードリヒ1世は、ハインリヒ獅子公を冷静かつ冷酷に国外追放。ヴェルフェン家領を吸収し、ホーエンシュタウフェン家の権力はより強まった。

順調だった第3回十字軍遠征中に起きた謎の死

1189年、フリードリヒ1世は、イングランドのリチャード1世［↓P116］、フランスのフィリップ2世とともに、第3回十字軍遠征に参加。ヨーロッパの名君がそろったことで、大きな期待を背負っていたが、その実情は足並みがそろわない、散々なものだった。

ふたりを置いて先発したドイツ軍は、行く手を阻む敵を次々に打ち破り、順調に聖地エルサレムへと進軍していったが、小アジアを渡ったサレフ川にて、フリードリヒ1世はあっけなく水死してしまったのだ。その理由は、水浴び中の心臓発作など複数の説があるが、真実は定かではない。

ドイツでは、そんな不遇な最期を迎えた王を称える声がいまだに消えず、ドイツ帝国が危機を迎えた際に、カラスとともに助けに来るという伝説が語り継がれている。また日本では、『パズドラ』などのアプリゲームで人気を集め、印象的なビジュアルのキャラクターとして、広く親しまれている。

ウィリアム・テル

Wilhelm Tell

別名 ヴィルヘルム・テルなど

生没年 14世紀初頭〜？
地位 狩人
ゆかりの地 ウーリ州（スイス）など

スイスで知名度も人気度もバツグンのアーチャー

世界で唯一「永世中立国」を宣言しているスイス。その独立のきっかけは、スイスの象徴とも呼べる伝説的な英雄の存在があった。その名はウィリアム・テル。14世紀初頭にウーリ州でうまれたとされる狩人だ。

この時代のスイスはハプスブルク家の支配下にあり、ヘルマン・ゲスラーという代官が町を仕切っていた。ゲスラーが定めた規則の中に、広場の前を通る際には、棒に掛けてある帽子にお辞儀をしないといけないというものがあり、町の者は仕方なく規則に従っていた。しかし、それを知らずに町を訪れたテル親子は、お辞儀をせずに帽子の前を横切ってしまったのだ。

そこでゲスラーは、クロスボウの名手であったテルに「息子の頭の上に乗せたリンゴを矢で射抜いたら許してやる」と難題をふっかけた。手元が少しでも狂えば、自分の手で息子を殺してしまう。そんな恐怖の中で、偶然居合せたウンターヴァルデン州の騎士ルーデンツの擁護の言葉と、息子の声援に助けられて冷静を取り戻し、テルは見事に頭上に置かれたリンゴを射抜いたのだ。

これで一件落着かと思われたが、失敗した場合に、ゲスラーも射殺するためにもう1本矢を忍ばせていたことがバレてしまい、テルは捕縛されてしまった。しかし、テルは護送中に命からがら逃げ出して、自慢の弓矢で悪代官ゲスラーを射抜き、町をハプスブルク家の支配から解放した。

このように、ハプスブルク家からの独立に大きく貢献したテルだが、実はテルについて記載された書物はひとつもない。そのため、テルの実在性は非常に低いのだが、テルの物語は口々に伝えられ、今でもスイス内では伝説的な英雄として人気を誇る。また、この伝説はドイツの作家シラーによる戯曲や、イタリアの作曲家ロッシーニのオペラの題材にもなっており、テルの行いはスイス国内に限らずヨーロッパ中で広く称賛されてきた。

Marco Polo

マルコ・ポーロ

生没年 1254年～1324年
地位 商人、冒険家
ゆかりの地 北京(中国)など

元の初代皇帝フビライ・ハンに重宝された色目人

マルコ・ポーロは、17歳で教皇使節として商人の父とともに東方旅行に出た。約4年の歳月をかけてモンゴル帝国（元）にたどりついた一行は手厚い歓迎を受ける。その後17年間も元にとどまり、元の皇帝フビライ・ハンのもとで政務に参加。そこでマルコは、さまざまな東方事情を〝見〟たり〝聞〟いたりした。それがのちに彼を有名にさせた大ベストセラー『東方見聞録（世界の記述）』になるのは、いうまでもない。

やがて、マルコは元に長期滞在することに不安を感じはじめ、イル・ハン国へ嫁ぐ元の王女一行を送る任務を機に、ヴェネツィアに帰国。彼らが帰還したのは、実に24年ぶりのことだった。

帰国後マルコは結婚、3人の子宝にも恵まれ、それなりに幸せな生活を送っていた。しかしその幸せも長くは続かず、当時ヴェネツィアと対立していたジェノバとの海戦で、マルコは運悪く相手方の捕虜となってしまった。そこで出会ったのが、ピサ出身のルスティケロという男だ。

作家を生業としていたルスティケロは、マルコの語る東方大旅行の話に大変興味をもち、その話を『東方見聞録』にして出版。すると、人々はルスティケロと同じように、マルコの東方旅行記に魅了され、あっという間にさまざまな言語に翻訳され、ヨーロッパ中に広まった。なかには、ただの空想物語だと誹謗中傷したり、嫉妬したりする者もいたが、それ以上にマルコの体験記に心を打たれた者がいた。彼らは、のちにはじまる大航海時代の先駆者となり、時代の荒波を乗り越えようと船を出した。1324年、マルコはひっそりと死去したが、中世ヨーロッパを席巻した海賊たちの英雄となったのだ。

なお、『東方見聞録』の中で、日本ははじめて西洋に紹介され、中国音の「日本」が訛って「ジパング」となり、のちに「ジャパン」になったとされる。

Maximilian I

マクシミリアン1世

生没年 1459年～1519年

地位 神聖ローマ皇帝

ゆかりの地 ウィーン（オーストリア）など

政略結婚でハプスブルク家を拡大

婚姻政策によって、ヨーロッパにおけるハプスブルク家の地位を盤石なものとした。父の政策を踏襲し、息子や孫を戦略的に結婚させて、ヨーロッパ中に拡大していき、オーストリアを一大帝国に押しあげた。一方で、近世ルネサンスの君主らしく学問や芸術にも理解をしめす面もあり、「中世最後の騎士」ともいわれている。

マリー・ド・ブルゴーニュ

マリーは、ブルゴーニュ公国を代表する美女としても知られている。夫マクシミリアン１世とは政略結婚だったが、お互いに心から愛しあっており、大変仲睦まじい夫婦だった。結婚する際に、マクシミリアン１世は愛の証として、マリーにダイヤモンドの指輪を贈った。それが「婚約指輪」のルーツといわれ、現在も世界中で通例となっている。

家訓を体現したハプスブルク家の神聖ローマ皇帝

「戦いはほかのものに任せるがよい。幸いなるオーストリアよ、汝、結婚せよ」。これは、オーストリア帝国を築いたハプスブルク家に伝わるという家訓である。そして、この家訓どおりに婚姻関係を結ぶことでさまざまな国と同盟し、ハプスブルク家の隆盛を築いたのが、マクシミリアン1世だ。

マクシミリアン1世は、はっきりとした顔立ちの美青年で、大変明るく社交的な性格をしており、二晩と続けて同じ場所にいないといわれるほど活発だった。その反面、芸術を好み、アルブレヒト・デューラーなどのルネサンス画家のパトロン（支援者）としての一面ももっていた。

父フリードリヒ3世の政策の一環として、マクシミリアン1世はブルゴーニュ公国のマリーと結婚。マリーが死去すると、今度はイタリアへの足掛かりにミラノ公の姪ビアンカ・スフォルツァと再婚した。さらに、子をスペイン王家、孫をボヘミア・ハンガリー王家と政略結婚させ、オーストリアをブルゴーニュ、スペイン、ハンガリーなどを支配する巨大帝国に成長させた。

言葉の壁を越えたマクシミリアン1世の愛

政略結婚と聞くと、夫婦仲が悪かったのではないかと疑われそうだが、マクシミリアン1世とはじめての妻マリーの仲は極めて良好だった。当時のブルゴーニュ公国は王シャルルが亡くなったことで混乱を極めており、ひとり娘のマリーは窮地に追い詰められていた。どうにかフランスの手から逃れようと、「混乱をおさめてほしい」とマクシミリアン1世に援助を要請。駆けつけたマクシミリアン1世とマリーは一目で恋に落ち、とんとん拍子に結婚へと進んだ。

結婚当初、マクシミリアン1世とマリーは母国語が異なるため、仕方なく共通語のラテン語で会話をしていた。ふたりの間には、言葉という大きな壁があったにも関わらず、マクシミリアン1世はマリーを愛する一心でフランス語と現地語のフラマン語をすぐに習得。その後、ふたりは子どもも授かり（二男一女、ひとりは夭折）幸せいっぱいだった。しかし、結婚から4年半後、マクシミリアン1世の狩りに同行していた妊娠中のマリーは落馬して帰らぬ人となり、ふたりの結婚生活はピリオドを打った。

ロレンツォ・デ・メディチ

Lorenzo de' Medici

別名 豪華王（イル・マニーフィコ）など

生没年 1449年〜1492年
地位 銀行家、政治家
ゆかりの地 フィレンツェ（イタリア）など

ルネサンス期の芸術家を支えた名パトロン

ルネサンス文化を語る上で外せないのが、ロレンツォ・デ・メディチだ。曾祖父より続く銀行家一族にうまれ、幼い時から何ひとつ不自由のない暮らしを送っていた。当時のフィレンツェは共和制だったが、莫大な財力をもっていたメディチ家が権力を握るのは自然なことだった。

ロレンツォは、子どもの頃から社交的で明るい性格をしており、学問や芸術に通じていた。そのため、ミケランジェロやレオナルド・ダ・ヴィンチ［→P82］といった芸術家たちとも交流をもち、莫大な資金で彼らの後ろ盾となり、いくつもの名作をうみ出した立役者となった。このように、パトロンとしてルネサンス文化を牽引したロレンツォは、市民からの支持は高かったが、政治をおろそかにしていたため、教皇庁などからは君主としての器を疑問視する声もあがっていた。しかし、1478年に起こった悲しい事件によって、ロレンツォの名指導者ぶりが証明されることとなる。

当時、すでに父ピエロの跡を継いで、フィレンツェの実質的な指導者となっていたロレンツォは、弟のジュリアーノとともに、敵対するパッツィ家の人間に襲われた。俗に言うパッツィ事件だ。この時、ロレンツォはなんとか逃れたが、ジュリアーノは命を落としてしまったのだ。すると、ロレンツォは怒りのままに暗殺関係者を捕らえ虐殺。これがローマ教皇の怒りを買い、メディチ家対教皇庁・ナポリ連合軍の大戦争に発展。唯一の頼りだったミラノ公は、自国のお家騒動に追われており、それどころではない。大ピンチに陥ったロレンツォは意を決して単身敵地に乗り込み、ナポリ王を説得。その結果、一気に形勢を逆転させて、ロレンツォの勝利に終わったのだ。

「豪華王」ロレンツォは栄光のなかで死去。しかしその2年後、イタリア戦争が勃発し、ロレンツォの子はフィレンツェを追放されてしまった。

Leonardo da Vinci

レオナルド・ダ・ヴィンチ

生没年 1452年～1519年

地位 芸術家、建築家、音楽家

ゆかりの地 フィレンツェ（イタリア）など

「万能の天才」と称された世界的な巨匠

レオナルド・ダ・ヴィンチといえば、「モナ・リザ」や「最後の晩餐」などを描いたルネサンス画家というイメージが強い。しかし、レオナルドは画家業だけではなく、音楽・建築・数学・解剖学など幅広い分野で第一線を走り、数々の功績を残している。そのひとつが、芸術とはかけ離れた「軍事技師」。戦争での勝敗を分ける重要な任務を承っていたのだ。

トスカーナのヴィンチ村でうまれたレオナルドは、少年時代をフィレンツェの巨匠ヴェロッキオのもとで過ごし、絵画と彫刻の腕を磨いた。この間に、メディチ家のサロンに出入りして教養を高め、勉学に励んだ。

20歳でマエストロ（巨匠）デビューを果たすが、その頃の作品は極めて少ない。その後レオナルドはミラノへ移り、ミラノ公ルドヴィーコ・スフォルツァ（通称「イル・モーロ」）のお抱え軍事技師として働く傍ら、建築家や演出家としてさまざまな依頼を受け、みるみる名をあげていった。しかし、1500年に、フランス軍との戦いでイル・モーロが敗北すると、レオナルドは再び職を転々とすることになった。

フィレンツェに戻ったレオナルドは、美しくも冷酷な貴公子チェーザレ・ボルジア［→P84］の片腕として建築技術総監督兼軍事技師となり、町の整備や城壁の設計、武具の研究などに没頭。レオナルドにとって、チェーザレは君主でありながらも、互いの相反する稀有な才能をリスペクトし合う友のような仲だったという。レオナルドがチェーザレのもとにいたのは1年だけだったが、心強い後ろ盾を手にして研究に専念できたこの期間は、レオナルドの人生における至上の幸福期だっただろう。

チェーザレ死後、レオナルドは、その名声を聞きつけたフランス人政務官に呼ばれて再びミラノへ移り、晩年は「芸術家」として活躍した。

チェーザレ・ボルジア

Cesare Borgia

別名 ヴァレンティーノ公爵など

生没年 1475年～1507年

地位 パンプローナ司教、バレンシア大司教、ロマーニャ公爵

ゆかりの地 フィレンツェ（イタリア）など

冷酷で美しく野心に溢れた薄命の青年

ローマ教皇アレクサンデル6世の次男。容姿端麗で勇ましく頭脳明晰と非の打ちどころがないが、冷酷な一面ももつ。若くして枢機卿などの要職に就き政治的手腕を発揮、ローマ教皇領拡大に奔走する。しかし、父の死をきっかけに没落。31歳の若さで戦死した。マキャヴェリの政治思想書『君主論』では君主のあるべき姿とされている。

『君主論』

同年代のイタリアを生きた政治家、思想家マキャヴェリの著書。古代から16世紀までの「リーダー」と呼ばれるおもな人物の功績を客観的に分析、評したもの。チェーザレは、「マキャヴェリズム（どんな非道な手を使っていても、国家の繁栄に寄与することであれば許される）」という言葉の代名詞とされている。

枢機卿の位を捨て自由に生きる

教皇でありながら強欲で悪名高いアレクサンデル6世（ロドリーゴ・ボルジア）。その子チェーザレは、混乱するローマの統一を目指し、31年という短い人生を戦いに捧げた。

チェーザレは父の一存で司祭や司教など要職を歴任。18歳にして枢機卿に抜擢された。しかし弟ホアンが死去すると、チェーザレはボルジア家の軍事を司るため枢機卿の位を返還、代わりにフランス国王から爵位を授かった。この弟ホアンはアレクサンデル6世にたいそう気に入られていたため、自分の立場が危ういと思ったチェーザレが暗殺したのではないかという説がある。

還俗したチェーザレは、イタリア諸侯の領地を制圧し、教皇領化を進めた。1499年にボローニャ地方の名族スフォルツァ家を攻め滅ぼすと、チェーザレはローマで凱旋パレードを実施、古代ローマの英雄ユリウス・カエサルと同じ隊形で行うことで、ボルジア家の威光をアピールした。1500年にはイタリア各地へ進軍、権謀術数を使いこなし、みるみる制圧を進めていった。

「理想的な君主」の突然の転落

教皇である父と、教会軍総司令官の息子チェーザレ。権力の頂に上りつめたボルジア家の栄光は、長くは続かなかった。1503年、親子は原因不明の病にかかり、アレクサンデル6世は死去、チェーザレも病床で動けずにいた（この病はマラリアともいわれているが、ワインに毒を盛られたという説もある）。その隙にアレクサンデル6世のライバル、ユリウス2世が教皇に就任すると、チェーザレは捕縛、財産のすべてを没収された。そこでチェーザレは義兄が治めるナバラ王国へ逃亡、追いかけてくるスペイン兵を迎え撃《う》とうとするが、あえなく戦死。チェーザレのイタリア統一の野望はここで潰《つい》えたのだった。

雄弁を振るって、時に相手を魅了し、時に相手を欺き誘導して、自身の企てを成功へと導いたチェーザレを、同時代の思想家マキャヴェリは「その冷酷さでローマに秩序をもたらした理想的な君主」と評した。

なお、チェーザレは毒薬「カンタレラ」を使い多くの人物を暗殺したといわれているが、その証拠はいまだ発見されていない。

アルブレヒト・フォン・ヴァレンシュタイン

Albrecht von Wallenstein

別名 大西洋とバルト海の提督など

生没年 1583年～1634年

地位 傭兵隊長

ゆかりの地 ボヘミア（チェコ）など

三十年戦争がうんだドイツの梟雄

ヨーロッパの英雄には、由緒正しい血統出身の人物が多いが、低い身分から軍の総司令官まで出世した成りあがり者もいる。三十年戦争で傭兵隊長として活躍したヴァレンシュタインがそのひとりだ。ボヘミアの小貴族出身で、プロテスタントからカトリックに改宗したのちに、イタリアのパドヴァ大学に遊学。その後、傭兵となった。

まず伝えておきたいのが、「戦争と金は切っても切れない関係にある」ということだ。ヴァレンシュタインは、これを本能的に知っていたのか、イタリアから帰国すると裕福な未亡人と結婚。5年後に妻が亡くなると、遺産を高利貸しにまわして畜財し、その金で傭兵を雇って軍をつくり、引き合いのあった戦争に参加して、やり手の傭兵隊長として名をあげていった。

神聖ローマ皇帝フェルディナント2世は、ヴァレンシュタインの活躍を聞き、彼に三十年戦争への参加を要請した。ドイツの諸侯たちが軍を養う手段をもっていなかったなか、ヴァレンシュタインは万全な軍備の私兵を引き連れドイツ北部を占領、デンマーク軍を退却させ、和平条約を結ばせた。こうして神聖ローマ帝国を救い「大西洋とバルト海の提督」に任命されたのだった。

再びヴァレンシュタインが戦場に呼び戻されたのは、スウェーデン王グスタフ2世アドルフ［→P196］が破竹の勢いで進撃してきた時であった。ヴァレンシュタインは「和平交渉を自由にしていい」という破格の条件でこれを引き受け、見事アドルフを戦死させた。そして和平交渉をはじめたが、その直後ヴァレンシュタインは暗殺されたのだった。

後世、ヴァレンシュタインを見習い、多くの国が常備軍の設置をはじめた。また詩人シラーは、ヴァレンシュタインを主人公にした3部作を発表。傭兵ヴァレンシュタインの生き様は当世から人々を引きつけていたのだ。

オイゲン・フランツ・フォン・ザヴォイエン

Eugen Franz von Savoyen

別名 プリンツ・オイゲンなど

生没年 1663年〜1736年

地位 軍人、政治家

ゆかりの地 ベルヴェデーレ宮殿（オーストリア）など

バロック期の生きる伝説となったプリンツ・オイゲン

神聖ローマ帝国の繁栄を支えた軍人、通称「プリンツ・オイゲン」は、ナポレオン〔↓P58〕が選んだ「七英雄」のひとりだ。

彼の母親はかつてルイ14世〔↓P44〕の愛妾で、宮中を追放された身だったため、オイゲンには「ルイ14世の隠し子」という噂が立っていた。こう聞くと、オイゲンはフランス宮廷から何かしらの恩恵を受けていたと思われそうだが、実際にはルイ14世から毛嫌いされていたきらいがある。その証拠に、サヴォイア家の分家筋の5男だったオイゲンが軍人を目指した際に、ルイ14世は聖職者になるよう勧めたという。小柄なオイゲンには軍人としての見込みがないと判断したのだろう。

絶望したオイゲンは、当時フランスと敵対していたオーストリアのハプスブルク家へと駆け込み、神聖ローマ皇帝レオポルト1世に直訴して、晴れて軍人に。はじめての戦いとなる大トルコ戦争で大きな軍功をあげると、早速キリスト教世界の英雄に仲間入りした。その後、スペイン継承戦争でも、故郷フランス相手に次々と白星をあげていき、「生きる伝説の人」と化したのだ。

オイゲンは、「和平を目的としない戦争は、すべて愚行である」という言葉を残しており、その信念がよくわかるものがスペイン継承戦争の終焉に見られる。フランスと神聖ローマ帝国との間で交わされたラシュタット条約で、オイゲンはフランス大元帥のヴィラールとの交渉の際に、自らが課せられている講和条件をさらけ出した。お互いが手の内をあかし、お互いに合意できる点のみを採用した条約をつくりあげようとしたのだ。

オイゲンは出世し莫大な財産を得るが、無駄使いすることなく、芸術品や文学の収集に使った。またオイゲンが建てたベルヴェデーレ宮殿は、バロック様式を今に伝える貴重な遺産として、ウィーンの名所となっている。

Friedrich II

フリードリヒ2世

別名 フリードリヒ大王、哲人王など

生没年 1712年～1786年

地位 プロイセン王

ゆかりの地 サンスーシ宮殿（ドイツ）など

プロイセンを一強国にした「絶対君主」の過去とは

マリア・テレジア［→P94］と敵対して、オーストリア継承戦争と七年戦争に勝利し、弱小国だったプロイセンをヨーロッパ列強の一国に押しあげたフリードリヒ2世。優れた軍事力と外交術をもつ王として知られる一方で、数々の書物を執筆したり、フルートの名手だったりと芸術的な才能にも恵まれていた。

そんな二面性をもつフリードリヒ2世は、産業の発展と軍事力を強化することで国家の発展を図った。いわゆる啓蒙専制君主主義を推し進めていたのだ。「君主は国家第一の僕《しもべ》」と説いて市民からは「哲人王」とも呼ばれたが、実際のところは、王が絶対的な権力を行使する絶対君主制にすぎなかった。

先に挙げたふたつの戦争の発端となったのは、フリードリヒ2世の発言だ。男児に恵まれなかったオーストリア王家が、苦肉の策でマリア・テレジアを女帝に据えると、「女系など認めない。認めてほしければ、シュレジェン（地下資源が豊富な地）をよこせ」と突きつけたのだ。このように、名君と呼ぶのを躊躇してしまう人柄だったフリードリヒ2世だが、そこには軍事主義者だった父フリードリヒ・ヴィルヘルム1世の影が大きくかかわっている。

かつてフリードリヒ2世は、文学と芸術を好む少年だったが、父のフリードリヒ・ヴィルヘルム1世は、息子に徹底した軍事教育を行おうとしており、ふたりの間には大きな溝があった。それを変える事件が、1730年に起こった。父の監視に我慢ならなくなったフリードリヒ2世は親しい友人と国外逃亡を企てた。しかし、あと少しというところで兵士たちに捕まり失敗に終わった。すると、激怒したフリードリヒ・ヴィルヘルム1世が、反逆罪としてふたりに死刑判決を下したのだ。幸い、フリードリヒ2世は死刑を免除されたが、目の前で友人の死刑執行を見届けることに。この事件がきっかけで、フリードリヒ2世は父に従順な息子へと変わってしまったといわれている。

Maria Theresia

マリア・テレジア

別名　トスカーナ大公妃など

生没年　1717年〜1780年

地位　ハンガリー王、オーストリア大公妃

ゆかりの地　シェーンブルン宮殿（オーストリア）など

オーストリアを救った「国母」

神聖ローマ皇帝カール6世の長女。美しい娘で、17歳の時にフランツ1世と恋愛結婚。23歳でハプスブルク家を継いだことを機にオーストリア継承戦争がはじまりヨーロッパ中が混乱に陥るが、自国を守るために外交や内政に注力。行政改革や義務教育制度を施行して近代化を進め、オーストリアを内側から強固な国にし、敵国からの侵略に対抗した。

フランツ1世

マリア・テレジアの夫。この時代では珍しい恋愛結婚だった。結婚後、すぐに子宝にも恵まれ、生涯で5男11女をもうけた。夫婦仲は大変よく、1765年にフランツ1世が亡くなると、マリアは深い悲しみに包まれた。もちろん再婚などはせず、その後の人生は喪服を着て過ごしたと伝わる。

前代未聞の女帝即位でオーストリアが危機に

マリー・アントワネット［↓P48］の母としても有名なマリア・テレジアは、神聖ローマ皇帝カール6世の長女。そんなマリアが家督を継いだのは、23歳の時だった。男子に恵まれなかったカール6世は、苦肉の策として女系相続を認める「国事詔書」を発布するが、カール6世が死去するとプロイセンのフリードリヒ2世［↓P92］らの反対にあってしまう。女系の相続といっても、実際に皇帝を継ぐのは夫のフランツ1世であり、マリアは皇后という立場だったのだが、反対派は納得しなかった。フリードリヒ2世は、女系相続を認める代わりに領地の分割を求め、資源豊かな土地シュレジェンをプロイセン領として奪ったことでオーストリア継承戦争が勃発した。マリアは政治に無関心な夫に代わって、オーストリアの生き残りとともに立て直しに奔走。ロシア、フランスと結びフリードリヒ2世を包囲する「3枚のペティコート作戦」など、外交と内政に力を注いで抵抗を続けた。

オーストリア継承戦争はなんとか乗り越えるが、シュレジェンは取り戻せず、七年戦争に突入する。いったんはオーストリアが優勢となるが、同盟国の裏切りや国庫の余裕がなくなったことなどから、惜しくも敗戦に終わった。

子どもを連れて議会に飛び入り参加!?

オーストリア継承戦争の際、マリアは隣国ハンガリーの協力を得て乗り切った。特にオーストリア・バイエルン戦争におけるハンガリー軍の活躍は凄まじかった。そんな強国ハンガリーが継承戦争に参加した背景には、マリアの外交力が大きく関わっている。

1741年、マリアは家族を連れて、ハンガリーのプレスブルクを訪れ、幼いヨーゼフ2世を抱きながら、ハンガリー議会に飛び入り参加した。そこで、「この子を抱いた私を助けられるのは、あなたたちだけだ」と懸命に訴えた。その結果、ハンガリー貴族の自治を認めることと引き換えに協力を得て、プロイセン討伐への一歩を踏み出したのだ。このハンガリー議会での逸話は絵画としても残っているが、実際にはヨーゼフ2世を連れておらず、のちにマリアの指示で描かれたものであるという説もある。

Wolfgang Amadeus Mozart

ヴォルフガング・アマデウス・モーツァルト

別名 ヴォルフガング・テオフィルス・モーツァルトなど

生没年 1756年～1791年

地位 音楽家

ゆかりの地 ウィーン（オーストリア）など

皇室をも虜にした音楽家

幼い頃から音楽の才能を発揮した「神童」で、ウィーン古典派音楽の三大巨匠のひとり。35年という短い人生のなかで、「トルコ行進曲」「オーボエ協奏曲」など、600曲以上のさまざまなジャンルの作品を手掛けた。晩年はオペラに注力し、5大オペラを書きあげた。宮廷演奏会では時の権力者マリア・テレジア［→P94］も魅了されたという。

アマデウス

モーツァルトのミドルネームとしてよく知られるが、彼の生名は「ヴォルフガング・テオフィルス・モーツァルト」である。当時イタリアの音楽家が流行っていたため、「テオフィルス」をラテン語意訳したアマデウスを名乗っていたという。なお「テオフィルス」は「神に愛される」という意味。

VAR. II.

「神童」と呼ばれた天才音楽家

18世紀中頃のオーストリアに、音楽の才能に恵まれたひとりの天才少年がいた。のちにウィーン古典派を代表する作曲家として世界中に名を轟かせることになるヴォルフガング・アマデウス・モーツァルトだ。たった35年という短い人生のなかで、楽器、宗教曲、オペラなど、さまざまなジャンルの名曲を世に残した、音楽界の巨匠だ。

ザルツブルクの宮廷音楽家だった父レオポルトからクラヴィーア（ピアノの前身の楽器）を習いはじめると、即座に曲を覚えて正確に弾き、5歳になると即興で作曲したという。すぐにモーツァルトの卓越した音楽の才能に気づいた父は、彼が6歳の時に、ヨーロッパ各地をまわる演奏旅行へ。モーツァルトは、この4年間の旅行を通じて多彩な文化や音楽に触れたことで作曲家としての経験を積み、天才音楽家としての名声を確立した。

この旅行中、皇后マリア・テレジアの前で御前演奏を行い、モーツァルトの奏でる曲に心打たれたマリアは、彼に服をプレゼントしたという。

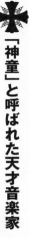

成長した「神童」の悲惨な運命

旅行を終えたモーツァルトは、片田舎のザルツブルクに物足りなさを感じたためパリへ向かったが、パリの音楽家たちになじめず、再びザルツブルクへ引き返すことに。最後の望みを託して向かったウィーンでは、雇い主とそりが合わず解雇。苦悶の末にフリーの音楽家に転向することを決意したモーツァルトは、町の有力者や音楽家と進んで交流し、作曲、演奏、レッスンなどでなんとか生計を立てた。この時モーツァルトと出会ったクラシック界の巨匠ハイドンは、モーツァルトを「すべての作曲家のなかで最も偉大だ」と評し、ハイドンが早世したモーツァルトの子どもの面倒を見たという。

その後、5大オペラのひとつ『フィガロの結婚』など、現在でもよく知られる名曲を発表するが、浪費癖のあるモーツァルトの生活は苦しいまま。最期まで精力的に活動したが病没した。しかし一説には、彼の才能に嫉妬した何者かが、彼を毒殺したのではないかともいわれ、金欠自体も同業者が仕事をまわさないようにしていたのではないかという説もある。

Johann Wolfgang von Goethe
ヨハン・ヴォルフガング・フォン・ゲーテ

生没年 1749年〜1832年
地位 政治家、法律家、劇作家、小説家、自然科学者
ゆかりの地 ワイマール（ドイツ）など

ドイツが誇るベストセラー作家ゲーテ

オーストリア継承戦争が終わってすぐの1749年に、ドイツ文学界を牽引するヨハン・ヴォルフガング・フォン・ゲーテはうまれた。厳格で勤勉な父と陽気で明るく文学を好む母の影響を受け、豊かな教養と想像力をもつ青年へと成長。ゲーテは母と同じく文学に夢中になり、その道を希望するようになったが、父の反対を受けて大学で法学を学ぶことに。しかし案の定、法学への情熱はわかなかった。その代わりに、文学研究と恋愛に心を奪われ、在学中にはじめての詩集『アネッテ』を編んだ。

大学を卒業すると、事務所を設立して弁護士として働きはじめた。その後、

ワイマールへ移り、フリードリヒ2世［↓P92］の姪アンナ・アマーリア皇太后の右腕となり、参事官、大蔵長官、枢密顧問官を勤めて数々の功績を残した。このように、ゲーテは政治家として大変有能だったわけだが、彼の名声をヨーロッパ中に広めたのは、副業とも呼べる執筆活動の方だった。

ゲーテといえば、プライベートで経験した恋愛をモデルに作品を書くことで知られており、出世作となった小説『若きウェルテルの悩み』も、自身の経験した悲恋がモデルとなっている。主人公はある女性に恋をするのだが、その女性にはすでに婚約者がいた。自分が恋をすることで夫婦との友情が壊れるのではないかと苦悩した結果、ピストル自殺をしてしまうという内容だ。この作品が発表されると、町は登場人物の装いをした若者であふれ、なかには主人公の最期を真似て自殺する熱狂的なファンもいたそうだ。

名実ともに人気作家となったゲーテは、小説のみならず幅広い分野で活躍し、詩劇『ファウスト』や戯曲『エグモント［↓P184］』などの名作を発表。ドイツ文学の古典主義を代表する「文豪」となり、グリム兄弟などのちのドイツ文学者たちに多大な影響を与えた。

教会を破門された神聖ローマ皇帝ハインリヒ４世が、
撤回を求めローマ教皇に祈りを捧げた「カノッサの屈辱」事件。
中世ヨーロッパ世界におけるローマ教皇の優位性がよくわかる

3章 イギリスの英雄

島国ながらヨーロッパ大陸のみならず、世界中に大きな影響を与え続けたイングランド王国。幾度も繰り返された王朝の変遷や革命、隣国スコットランドとの争いを乗り越え、世界一の「大英帝国」の基盤をつくっていく。

中世～近世 イギリス年表

国名：イングランド王国

王朝：ノルマン朝 ＞ プランタジネット朝 ＞ ター朝・ヨーク朝

年	おもなできごと
871	アルフレッド大王が即位
1066	ウィリアム1世が即位
1138	『アーサー王物語』の原型とされる『ブリタニア列王史』完成
1154	ヘンリー2世が即位
1189	リチャード1世が即位
1199	ジョン王が即位
1216	ヘンリー3世が即位
1272	エドワード1世が即位
1337	百年戦争が勃発
1376	エドワード黒太子が死去
1400	グリンドゥールの反乱
1455	薔薇戦争が勃発

アルフレッド大王 ▶P108
ウィリアム1世 ▶P110

リチャード1世 ▶P116
オワイン・グリンドゥール ▶P132
ウィリアム・ウォレス ▶P126
シモン・ド・モンフォール ▶P124

ロビン・フッド ▶P120

アリエノール・ダキテーヌ ▶P112

エドワード黒太子 ▶P128

グレートブリテン王国 ＜ イングランド王国 ＜ イングランド共和国 ＜

ハノーヴァー朝 ＜ ステュアート朝 ＜ 共和制 ＜ ステュアート朝 ＜ テューダー朝 ＜ ランカス

年	出来事	関連人物
1533	ヘンリー8世がキャサリンと離婚しアン・ブーリンと結婚	アン・ブーリン ▶P134
1558	エリザベス1世が即位	エリザベス1世▶P136 フランシス・ウォルシンガム▶P140
1588	ドレークがアルマダの海戦に勝利	フランシス・ドレーク ▶P142
1602頃	シェイクスピアの悲劇『ハムレット』が書かれる	ウィリアム・シェイクスピア ▶P144
1628	権利の請願	
1642	ピューリタン革命	
1652	第一次英蘭戦争が勃発	
1653	クロムウェルが護国卿になる	オリバー・クロムウェル ▶P146
1660	王政復古	
1688	名誉革命	
1701	ウィリアム・キッドが処刑される	ウィリアム・キッド ▶P148
	スペイン継承戦争が勃発	
1717	エドワード・ティーチが勢力拡大	エドワード・ティーチ▶P150
1720	ジョン・ラカムの海賊船が捕らえられる	アン・ボニー／メアリー・リード ▶P154
1722	バーソロミュー率いる海賊たちとイギリス艦隊の戦い	バーソロミュー・ロバーツ ▶P156
1805	ネルソンがトラファルガーの海戦に勝利	ホレーショ・ネルソン ▶P158

エリザベス1世▶P136

エドワード・ティーチ▶P150

ホレーショ・ネルソン ▶P158

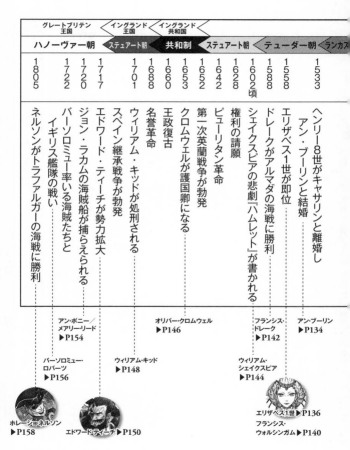

アルフレッド大王

Alfred the Great

別名 アングロ・サクソン人の王など

生没年 848年頃〜899年
地位 ウェセックス王
ゆかりの地 ウィンチェスター（イギリス）など

イングランド建国へ導いた謙虚な英雄

アングロ・サクソン人の七王国時代、ヴァイキングのデーン人が各国を侵略していた。彼らに立ち向かったのが七王国のひとつウェセックス王国のアルフレッド大王である。末っ子だったアルフレッドは勤勉な性格で、12歳頃まで文字を読めなかったが、アングロ・サクソン語の詩集を手にして勉強し、気に入った言葉をメモ帳に書きためて勉強していたと側近が伝記に残している。

戦いは熾烈を極め、王位に就いた兄たちは負傷で戦線を離脱、ついにアルフレッドの番がやってきた。デーン人も消耗しているはずと考えたアルフレッドは和解金を払い、数年間の休戦に持ち込む。彼は現実主義で、兄たちのように勝利を神に祈るのではなく、今ある資源で何ができるかを考えたのである。しかし、平和はつかの間、デーン人は数年後再び急襲しアルフレッドは家族とアセルニー島に身を隠した。その間も虎視眈々と兵力を温存し、ある時は自ら吟遊詩人に扮して敵の情報を探ったという。準備を整えると再び兵士を集め、エディントンでデーン人に決戦を挑む。アルフレッド軍は最前列の兵士が盾を構える「盾の壁」戦法をとり敵陣深くへ切り込んだ。これで猛攻を防ぎ切り、デーン人からはじめて大勝利を掴んだ。アルフレッド在位中はデーン人との宗教的融和が進み、王は水軍の創設やラテン語文献の翻訳にも取り組んだ。

アルフレッドの死後、孫のアゼルスタンが正式にイングランド王を名乗り、イングランド王国が歴史に初登場する。アングロ・サクソン語は英語へ進化し、もしアルフレッドが負けていたらイギリス史はまったく違ったともいわれる。

アセルニー島で農夫の家に匿われた時、見張りを頼まれたパンを焦がし、農民に叱られる逸話がイギリスでは有名だ。王に怒ってしまった農民は詫びたが「助けられたのはこちらの方です」と王は平身低頭。アングロ・サクソン人で唯一「大王」と称された人物は、どこまでも現実を受け容れていたようだ。

William I
ウィリアム1世

別名 征服王、庶子王、ギヨーム2世など

生没年 1028年頃〜1087年
地位 ノルマンディー公、イングランド王
ゆかりの地 ノルマンディー（フランス）など

英国王室の始祖となった妻一筋の征服王

海賊ロロを祖先にもつノルマンディー公ウィリアムはノルマン人としてはじめてイングランド玉座を奪った。ノルマン・コンクエストと呼ばれる大事件だ。ウィリアムはノルマンディー公と職人の娘の間にうまれた庶子で、跡継ぎ不在のため7歳で領主になり苦労しながら領地を運営した。彼は政治面では非常に厳しく、そりの合わない人物はすぐさま追いやったと伝わる。

ノルマンディーで足場を固めた38歳頃、対岸の国イングランドのエドワード証聖王（懺悔王）が世を去った。その後継に他国の王たちも名乗りをあげ、ウィリアムも参戦。1066年、ヘースティングズの戦いでイングランド勢を

破り、後継者となった。そこにはさまざまな勝因があった。

当時のイングランド軍は歩兵が中心、一方ウィリアム軍は騎馬隊を主力としていたこと。また、城の存在も大きい。当時イングランド貴族は館に住み、まだ城をもたなかった。ウィリアムは要塞として各地に城を建て、ロンドンにはロチェスター司教ガンダルフに指揮をさせホワイト・タワーを築城。この塔こそ今や観光名所のロンドン塔の前身である。そして現地の貴族を追い出し、ノルマン人がその地位に就いた。また、英国史初の土地台帳「ドゥームズデイ・ブック」で税収を管理し王権をますます強化した。

ウィリアムの結婚にはこんな伝説もある。アルフレッド大王［→P108］の遠縁のフランドル公女マティルダに求婚した時、「庶子とは結婚できない」と断られた。ウィリアムは強引にも彼女の髪を掴んで引きずりまわしたが、その後マティルダはなぜか結婚を承諾。彼女の身長は当時の平均の152cmほどで、ウィリアムは180cm超えの大男だったとされる。この身長差夫婦は11人の子宝に恵まれウィリアムは生涯愛人をつくらなかった。現在の英国王室の血筋はウィリアムから連なり、彼の「征服」は王室にとって原点となったのだ。

Aliénor d'Aquitaine

アリエノール・ダキテーヌ

別名 ヨーロッパの祖母など

生没年 1122年頃~1204年

地位 アキテーヌ女公、イングランド王妃

ゆかりの地 フォントヴロー修道院（フランス）など

ふたつの国に火種をまいた美妃

フランス王国にアキテーヌという広大な領土を相続し「ヨーロッパで最も裕福な公女」と呼ばれた。美貌と豊かな教養をもち、恋愛話も多々。英仏2国の王妃になったことが百年戦争へと至る領土問題をつくってしまった。イングランド王ヘンリー2世との間にうまれた子どもが各国王家に血筋を残したことから「ヨーロッパの祖母」と称される。

『アーサー王物語』

芸術を愛したアリエノールのもと、宮廷で文化が興隆した。『アーサー王物語』の作者クレティアン・ド・トロワはアーサー王の王妃グウィネヴィアにアリエノールを重ね、さまざまな作品を彼女に捧げた。

ヘンリー2世

ウィリアム征服王[→P110]の子孫でノルマンディーなど広大なフランス領土を相続。アリエノールとの結婚でリチャード1世[→P116]ら8人の子どもを授かり、フランスの大半を支配下に置いた。

離婚してもめげない！　奔放で魅力的な王妃

アリエノールは14歳の時、彼女の所領を欲するフランス王太子と結婚した。ところがふたりは30歳で離婚する。表向きの理由は、政治に積極的だったアリエノールが十字軍に従軍したせいで遠征が失敗したからとされた。だが、遠征中に叔父と男女関係になったという噂など、理由は複数あったようだ。

このように奔放なアリエノールの人生は波乱含みではじまった。離婚直後、たまたま街道で出会った18歳のアンジューの貴族アンリ・プランタジュネに見初められ同年再婚。１１５４年、アンリはイングランド王ヘンリー２世となり、アリエノールはわずか２年でフランス王妃からイングランド王妃へ華麗に鞍替えしたのだ。

晩年は息子の尻ぬぐいに奔走した〝肝っ玉母さん〟

アリエノールは将来性を見込んでいた息子リチャード１世に自身のアキテーヌ領を譲る。だが、ヘンリー２世は溺愛する末子ジョンとリチャード１世の共同統治をもちかけ不仲に。さらにヘンリー2世がリチャード1世の妻に手を出したことで完全に対立した。また、夫婦仲も悪化。夫にロザモンドという愛人ができると激怒したアリエノールが、愛人に服毒自殺を迫ったという伝説も伝わる。息子たちは母の口添えで公然と父に反抗。激情家のヘンリー2世はアリエノールに幽閉という罰を下し、生涯許さなかった。

1189年にヘンリー2世が逝去し、15年以上の幽閉を解かれたアリエノールは68歳ながら精力的に再始動。両親のフランス領土を守ろうとするリチャード1世を支え、その戦死を看取ったあと、フランスの領土を失いそうになっているジョンへの味方集めに尽力した。だが、領土奪還に本気のフランス王フィリップ2世に敗れたとの報せを聞き、アリエノールは失意のうちに世を去った。

愛と権力に生き82歳という長寿を全うしたアリエノールの功績は『アーサー王物語』などの文学や芸術、また修道院への寄進に残された。彼女が支援したフォントヴロー修道院にはアリエノールの棺が今も横たわっている。1968年公開の映画『冬のライオン』では幽閉中の一族の愛憎劇が描かれ、アリエノール役を名女優キャサリン・ヘップバーンが担当、貫禄の演技を見せた。

Richard I

リチャード1世

別名 獅子心王など

生没年 1157年～1199年
地位 イングランド王
ゆかりの地 ルーアン（フランス）など

ライオンハートと称えられる英雄

獅子心王の称号で語り継がれる英雄王。ヘンリー2世を父に、アリエノール［→P112］を母にもち、イングランド王としてはじめて十字軍遠征で勇名を馳せた。風格漂う堂々とした体格で、性格は血気盛んでかんしゃくもち。父ともども伝説のアーサー王に憧れ、騎士道精神の発散の場として戦争ばかりしていた。国民人気は今も高い。

十字軍
11世紀から13世紀にかけて行われたキリスト教徒の東方遠征。第１回遠征では聖地にエルサレム王国を建国したが、のちにイスラム勢に奪還された。第３回は聖地の再奪取が目的に。リチャード１世のほかフランス王フィリップ２世ら豪華な面々が参加。

サラディン
アラブのアイユーブ朝の創始者でイスラム世界の英雄。第３回十字軍遠征で唯一リチャード1世に敗北を喫し、敵ながら賛辞を贈ったという伝説も。

自ら最前線で暴れまわり敵を震えあがらせる

当時イングランドはフランスにも領土があり、リチャードは母アリエノールと同じくフランス育ち。広大な領土は家族を引き裂き、誰がどこを相続するかで父子・兄弟はいつも揉めていた。若かりし頃はフランス王フィリップ2世と組み、父ヘンリー2世に反乱を起こしたこともある。

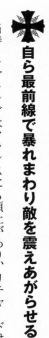

やがて戦場に生き甲斐を見出したリチャードは、32歳で即位すると十字軍遠征の準備に取り掛かる。イングランドにはなんの思い入れもなく、爵位や城などを売っては金に替えた。「ロンドンだって売る」と自ら語ったという。

1191年、フランス、イングランド十字軍がアッコン城市を攻囲、イスラム教徒約2700人を虐殺した。ヤッファ城砦への襲撃では馬を降り、配下の兵とともに斧を振るった。「イングランド王が殺しまくっている」との報告は敵を震えあがらせ、その後「いい子にしないとイングランド王が来るぞ」というフレーズが子どものしつけに使われたという。一方で、リチャードは詩や音楽を好んだ。サラディンとの講和の場ではイスラム音楽をハープで弾かせたとも伝わる。聖地は奪還できなかったが、キリスト教側の力を十分見せた。

イングランド王国の強さを象徴する獅子の紋章

十字軍からひと足先に帰国したフィリップ2世はリチャード1世の弟ジョンと結託しフランスの領土を奪還しようと画策。その対応を余儀なくされたリチャード1世は十字軍から引きあげる途上、反目しあう神聖ローマ皇帝に捕らえられてしまった。王ともなれば身代金は莫大で、当時の国家予算の3倍にもなったという。金を用意したのは資産家の母であった。無事解放されたが、諸侯と揉めて戦争になった際、肩に矢を受けて戦死した。

母国にいたのは在位中わずか1年。それでも十字軍で活躍した王を国民は誇りに思ったという。同時代の書物ですでに「獅子の心臓」と称賛され、王の盾には三頭の獅子が刻印されていた。獅子の紋章はその後イングランド王室の紋章となり、現代ではサッカーイングランド代表エンブレムなどにも使われている。また映画『冬のライオン』ではフィリップ2世と同性愛の関係だったという説を採用し、複雑な人間関係にひとつの解釈を与えている。

ロビン・フッド

Robin Hood

別名 ロクスリーの ロビン、ロビン・ロングストライドなど

生没年 不明

地位 義賊

ゆかりの地 シャーウッドの森（イギリス）など

民衆を助ける伝説的アーチャー

森を自由自在に駆け抜ける神出鬼没のアーチャー（射手）。庶民のために圧政と戦う義賊で、中世の吟遊詩人が語り継いだ幾多の物語が原型である。架空の人物だが、物語の舞台ノッティンガムやその郊外にあるシャーウッドの森には、ロビンの戦いの場となった城や結婚した教会などの旧跡がまるで史実かのように保存され、今も人々に愛されている。

ジョン欠地王

ロビンの敵となるリチャード１世[→P116]の弟ジョンは、史実では３人の兄と違い所領を相続できなかったので「欠地王」とあだ名がついた。兄の死後に即位するがフランス領土はフィリップ２世に奪われ、あだ名には「領土を失った王」という意味も含まれることに。女性を弄ぶなど素行に問題があったとも伝わり、王権を制限する「マグナ・カルタ（大憲章）」を認めさせられたことでも知られる。

領地を奪われた人々の恨みがロビンをうんだ

ロビンの物語は幾多の派生作があるが、比較的よく知られているのは次のストーリーであろう。時代はリチャード1世の治世、王が不在の間に王弟ジョンが悪代官らと結託し庶民を苦しめていた。ロビンはリトル・ジョンやレディ・メアリアンといった仲間をまとめ、弓や罠を駆使して庶民の敵に立ち向かう。最後にリチャード1世が十字軍遠征から帰国し、ジョンらを罰する。

こうしたロビンの物語は15世紀頃の創作『ロビン・フッド武勇談』が原型とされる。その物語ではある騎士の弱みにつけこんだ僧院長が騎士の所領を没収しようとたくらむが、ロビンが騎士を助ける。最後にロビンは国王と弓で対決し、王に認められるという結末だ。

このヒーローがうまれた背景には征服者と現地民との対立構図が濃厚だ。ロビンのモデルのひとりとされるヘリワード・ザ・ウェイクはウィリアム1世［↓P110］の時代、ノルマン人に所領を奪われ湿地に潜伏し抵抗した。

中世の森はウサギ捕りや豚の放牧を行う庶民生活の場。だが狩り好きのウィリアム1世は「御料林」を制定し、庶民を森から追い出した。やがて弓の腕に長けた無法者たちが御料林でも構わず狩りをするようになったが、権力者を恐れず義侠心のあるロビン・フッド像はこうした無法者の影響もあるという。

強力な飛び道具を使いこなすヒーローの原型へ

ロビンが使用した弓は、中世イギリスで武器として発展した大型のロングボウ（長弓）。射程距離が長いのが特徴で、のちの百年戦争ではこの弓に熟練した農民による弓兵隊が勝利に大きく貢献した。

庶民階層の支持を得ようとしたのか、16世紀のエリザベス1世［→P136］はロビンを想起させる緑の服をまとった農民と狩りに出かけるパフォーマンスを行ったことも。19世紀には小説『アイバンホー』にロバート・ロクスリーと名を変えたロビンと、リチャード1世が味方として登場する。ロビンそのものがたびたび映画化されているのみならず、ロビンに着想を得たヒーローも数多い。アメリカでは弓矢使いの「グリーンアロー」がアニメやドラマ化され、日本ではゲーム『Ｆａｔｅ』シリーズにも登場する。

シモン・ド・モンフォール

Simon de Montfort

別名 レスター伯など

生没年 1208年～1265年

地位 レスター伯

ゆかりの地 ケニルワース城（イギリス）など

庶民に議会への道を開いたが金にはルーズ？

13世紀半ばに国王と対立し「シモン・ド・モンフォールの乱」を起こしたシモンは、乱の折に現在の下院に近い民主議会を創設した功績で知られている。

シモンはアルビジョワ十字軍で活躍したフランスのモンフォール家出身で、母方からレスター伯を相続するためイングランドへ渡った。当時の君主ヘンリー3世に早くに気に入られ、王の妹との結婚も許されたほどだった。十字軍で名をあげた一家の人間らしく、シモン自身も勇ましさや教義の遵守を重んじたという。一方、金銭面では都合の悪い話も。ヘンリー3世の義弟という立場を利用し借金をしたり、のちの反乱の際には「ユダヤ人金貸しからの借金を帳消しにする」と味方に約束したりもしている。

ヘンリー3世はジョン欠地王の子で、父の代に失ったフランス領土を取り戻そうとたびたび派兵した。その戦費捻出のための重税に諸侯や市民は反発。課税や議会に関する王の権限を取り決めた「オックスフォード条項」を国王側に承諾させた。諸侯の側にはシモンの姿もあった。しかし、王は約束を反故にし、再び強権を振るい出す。誓約は神との約束と考えていたというシモンは激怒、自ら反乱軍の指導者に。リュイスの戦いでシモン軍はなんと国王軍に勝利した。ところが、シモンが実質的に王同然の権力をもつのを嫌がって離反者が続出。その状況下で開催された「モンフォール議会」にはシモンの味方であった都市代表者らがはじめて呼ばれたのである。１２６５年、イブシャムの戦いで王太子エドワードに破れ、シモンは残酷にも槍でめった刺しにされ殺された。首や胴体は切断され各地へさらし者として送られた。

現在の下院の前身となる庶民院ができるのは乱から77年後の１３４１年である。イギリスでは現在も民主議会の先駆者として敬われ、シモンが居城としたケニルワース城も現在は廃墟ながら残されている。

William Wallace
ウィリアム・ウォレス

生没年 1270年頃～1305年
地位 抵抗軍指揮者
ゆかりの地 エディンバラ城（イギリス）など

人々の愛国心に火をつけたスコットランドの英雄

13世紀末、スコットランドは国王の後継者問題でイングランド王エドワード1世の介入を受けた。諸侯は反抗するが逆に攻め込まれ大敗。スコットランド王が代々戴冠式の際に使ってきたスクーンの石も屈辱的に略奪された。

このような王国の危機に抵抗軍を率いたのが、名もない騎士であったウィリアム・ウォレスだ。彼自身家族を殺された復讐心から抵抗をはじめたと伝わる。ウォレス率いる抵抗軍は敵の拠点を次々と攻略。抵抗軍兵士はほとんど民衆で、武器は小さな斧や短剣など。ウォレス自身も貴族でなく、殺した敵将の皮を剣帯に巻くような残虐な大男だった。だが、愛国心は本物だった。

1297年、快進撃を続けるウォレス軍は、現在のグラスゴーより北のスターリング・ブリッジでイングランド軍と衝突。幅の狭い橋を渡ってくるイングランド騎兵を待ち伏せして攻撃。後続との連携を断って有利となり、敵軍は陣形を崩して撤退した。この戦いはスコットランドがはじめて封建制下のイングランド軍を破った戦いともいわれる。

しかし翌年エドワード1世はフォルカークの戦いでウォレス軍を撃破した。ウォレスは拘束され、裁判の末に絞首刑に処せられた。死亡確認もされないまま体は四つ裂きにされ、腹を裂かれて内臓は燃やされた。裁判でウォレスは「私は、国王に楯突く反逆者ではない。イングランド王は私の仕える王ではないのだから」と答えたという。ウォレスの奮闘に刺激された同胞たちは抵抗を続け、のちにイングランドを追い出して独立を守った。

メル・ギブソン主演の映画『ブレイブ・ハート』は題名通りウォレスの闘志を称えた作品である。スコットランドにはウォレスの記念碑があり、実際に使用したと伝わる約1・5mの剣が展示されている。スクーンの石は1996年に英国政府からスコットランドに返還され現在はエディンバラ城にある。

Edward the Black Prince

エドワード黒太子

別名 エドワード・オブ・ウッドストックなど

生没年 1330年～1376年
地位 コーンウォール公
ゆかりの地 カンタベリー大聖堂（イギリス）など

百年戦争で連戦連勝した天才王子

1337年にエドワード3世の宣言で開戦した百年戦争においてフランス軍から幾度も勝ち星をあげた、エドワード3世の長子。全身黒い鎧に身を包んでいた逸話により黒太子と呼ばれた。即位も待ち望まれたが、スペイン遠征で赤痢に感染し、46歳で王位を待たず病死した。カンタベリー大聖堂の彼の墓所には当時の貴重な軍装が展示されている。

ブラック・プリンス

黒太子という呼び名の由来は2通りある。ひとつは黒い鎧に身を包んだからという説。もうひとつは、戦争の際に敵に容赦なく徹底的に攻撃したため、その残虐さを形容したという説である。

ポワティエの戦い

1356年に黒太子が指揮を執りフランスから大金星をあげた戦い。フランス王ジャン2世を捕虜に取りイングランドに有利な協定を結んだ。百年戦争初期においてターニングポイントとなった。

イングランドの勝利を決定づけた勇敢さは父母譲り？

1346年、エドワード黒太子は16歳で百年戦争の激戦のひとつクレシーの戦いに参戦した。父王から任された左翼は偶然にもフランス軍が攻め込みやすい位置であり、攻撃が集中してしまった。しかし、黒太子は突進してくる騎兵を冷静に対処。後方に控えていた長弓隊に命じ50万発とも伝わる矢の雨を降らせた。敵は大量の矢を受けて半分以下に削がれたという。残りは槍兵で始末し、見事勝利をあげた。その後は「騎行」しながら北上し港町カレーを占領。当時の騎行とは町や農地を焼き払い略奪しながら行進すること。これは敵地の体力を奪う意図があった。16歳にしてお手本のような戦いを見せた黒太子は一躍有名に。それから10年後のポワティエの戦いでは指揮官としてさらに成長。敵は黒太子の長弓隊対策として先鋭の騎士隊を大増員し数で押し切ろうとした。長弓隊が押され気味になると、黒太子は戦術を転換。騎兵を敵陣の横っ腹に突撃させたのだ。フランス軍は総崩れになりまたも大敗、国王ジャン2世は捕虜となり、百年戦争初期のイングランドの勝利を決定づけた。

黒太子の勇敢さは血筋であった。父はアーサー王と円卓の騎士に憧れてガーター騎士団を創設した人物。母フィリッパは王妃でありながらスコットランドとの戦いで軍の先頭に立って叱咤激励したという女傑であった。

愛と友情に生きた、まるで漫画の主人公

黒太子の妻ジョアンは「麗しのケントの乙女」と呼ばれた美女で、離婚歴は2回。黒太子は彼女への積年の恋慕を叶えて結婚したと伝わる。ジョアンにはこんな伝説がある。舞踏会でとある貴婦人が靴下どめ（ガーター）を落とすという恥ずかしい失敗をした。嘲笑する周囲をエドワード3世がたしなめ、ガーターを拾ってやった。これがガーター騎士団の創設伝説で、諸説あるがその貴婦人こそジョアンであったという。ガーター騎士団には黒太子のほか、太子とともに戦った若者が多数所属していた。黒太子は仲間たちを次のように鼓舞したという。「旗に続け。もし勝利を得ることができたなら、ともに固い友情をもち続けようではないか」。ガーター騎士団は現在まで続く世界最古の騎士団であり、世界中の王族がメンバー。今上上皇も勲爵を受けている。

Owain Glyn Dŵr
オワイン・グリンドゥール

別名 オウェイン・グレンダワーなど

生没年 1354年頃〜1416年頃
地位 ウェールズ公国王
ゆかりの地 ウェールズ（イギリス）など

ウェールズの危機に復活する？ 最後のウェールズ王

ブリテン島の南西に位置するウェールズ地方は、古来イングランド王国とは別の歴史を歩んできたが、13世紀にウェールズ公国を成立させた途端イングランドのエドワード1世に侵攻され家臣国となった。

かつてのウェールズ王家の血を引くオワイン・グリンドゥールは若い頃にロンドンで法学を学び、学業を終えてからはリチャード2世に仕えた。ところが1399年、リチャード2世がいとこのヘンリー4世に王位を奪われるという事件が起こる。対ウェールズに関していえばリチャード2世は比較的穏健派だった。一方、ヘンリー4世はウェールズ領を我が物にしようと圧力を強めたため諸侯の不満が高まった。同時期、国境付近の領主だったオワインはイングランドの領地侵害に悩んでいた。オワインは武力に訴え出るほかなくなり、そこに反イングランド派も加わって反乱軍が形成されていった。

1400年、オワインはウェールズ公国の王「プリンス・オブ・ウェールズ」の称号を得る。13世紀に滅んで以来のウェールズ王の復活だった。フランスの支援も受けたウェールズ軍は当初連戦連勝を重ねたが、1405年頃、戦闘の長期化に疲弊したフランス軍が撤退すると劣勢に転じた。ヘンリー4世の激しい反撃により反乱軍は敗走、拠点も奪われゲリラ化していった。その後のオワインは捕えられた記録も逃亡の足跡もなく、生死不明のままである。

オワインはウェールズの独自議会をつくるなど、短い治世ではあったが功績も残した。「最後のウェールズ王」として今も英雄視され、「ウェールズが危機になると呼び戻される」との伝説もある。シェイクスピア［↓P144］の戯曲『ヘンリー4世』ではケルト人の血を引く勇敢な人物として描かれている。

オワインの紋章は赤と金色の獅子。それは代々英国王室の皇太子に慣習として与えられるプリンス・オブ・ウェールズの紋章に今も見ることができる。

Anne Boleyn
アン・ブーリン

生没年 1501年〜1536年
地位 イングランド王妃
ゆかりの地 ノーフォーク（イギリス）など

国母でありながら断頭台に消えた悲運の王妃

シェイクスピア［↓P144］の歴史劇『ヘンリー8世』の終盤で王の子をうみ落としたアン・ブーリン妃は実在した人物である。平民出身の成りあがり貴族の娘であったアンは、教養を磨き由緒正しき大貴族と結婚するのが夢だった。10代でフランス宮廷に留学後、帰国してキャサリン妃の侍女に。するとアンは留学の成果を発揮。色黒で髪も黒く当時の価値観では美女とはいえなかったが、フランス仕込みの洗練された振る舞いと会話術で男性を魅了した。

アンを目にとめた国王ヘンリー8世は、アンを愛人にと切望した。王は妻のキャサリン妃との間に女児しかおらず、「若く健康なアンなら男児をうむのでは」と勝手な夢想を抱いたのだ。アンは、姉妹のメアリーが王に遊ばれ捨てられたことや、王がたとえ重臣でも反抗すれば斬首することで恐れられていたので交際を躊躇った。しかし、王妃という地位への野心に勝てなかったのか、アンは結婚を決意した。

当時結婚にはローマ教皇の許可が必要だったが、教皇を説得できずキャサリン妃との離婚は不許可に。怒った王は国王を最高指導者とする英国国教会をつくり、アンとの結婚を強行。このできごとが、イギリスが後代まで教皇権力から離れた独自の宗教路線を進んでいくきっかけになった。

法を曲げてまで結ばれたふたりの第1子は王が望んだ男児ではなく女児だった。次の子は男児だったが流産。結婚から3年後、王は失望してアンへの愛情も冷め、姦通罪という無実の罪を着せてアンを斬首刑に処した。王はその後も何人も妻を娶り、アン同様処刑された妃もいる。ようやくうまれた男児は早世し、アンの子どもがエリザベス1世［→P136］として即位する。

アンの野望はあっけなく潰えたがその子どもが最高の地位に上るというドラマは、映画『ブーリン家の姉妹』ほか多くの映画や小説の題材となっている。

Elizabeth I
エリザベス1世

別名 処女王、妖精の女王、グロリアーナなど

生没年 1533年～1603年

地位 イングランド女王

ゆかりの地 ハットフィールド・オールドパレス（イギリス）など

栄光を手にしたバージン・クイーン

イングランド王国の「黄金の16世紀」と称される時代に君臨した女王。ロンドン塔で処刑寸前まで追い詰められるという過酷な少女時代を糧に、硬軟を使い分ける政治的センスや優れた教養を身につけたといわれる。その治世にシェイクスピア［→P144］らによる英語文学が興隆し、スペインの無敵艦隊を撃破するなど大国への道を切り拓いた。

処女王

外国との姻戚関係が不可欠だった時代に、エリザベスは非婚を貫いた。「私は国と結婚した」という宣言は女王の献身の表れとして国民から熱狂的に歓迎されたという。聖母マリアを想起させる「処女王」のふたつ名がついたが、実際にはたくさんの恋人がいた。女王の幼馴染ロバート・ダドリー卿は特に寵愛を受け、伯爵位を与えられるほど出世した。

2020

質素倹約、人を見る目もあった人間力の高い女王

エリザベス1世はヘンリー8世と2番目の妻アン・ブーリン［↓P134］との間にうまれた。カトリック信者であった異母姉のメアリー1世はその治世でプロテスタントを多数虐殺し「ブラッディー・メアリー（血まみれメアリー）」とあだ名された。プロテスタントのエリザベスにとっても他人事ではない。少女時代は異母姉に斬首される悪夢におびえ、できるだけ人目をさけて暮らさざるを得ず、一時は「生きて出た者はいない」というロンドン塔に幽閉されたこともあった。幸い、メアリー1世は長生きせず、奇跡的に釈放されたエリザベスは25歳で即位した。

スペインを中心としたカトリック勢は反エリザベスの姿勢でイングランドに襲いかかり、女王は数多の戦争を勝ち抜き、〝弱小国〟イングランドを守った。家臣にも恵まれ、父にも仕えたベテラン秘書長官ウィリアム・セシルやスパイのウォルシンガム［↓P140］、無敵艦隊を敗走させた海賊ドレーク［↓P142］らが女王を支えた。王国はいまだ貧しく、女王は人前に出る時以外は倹約に努

め、「国王至上法」を出し絶対王政を推進、王国を安定させた。

人々の心をつかんだ熱い〝女王のスピーチ〟

女王は外国語が得意だった。勉強の大変さにペンを投げたこともあったというが、努力の成果は女王の言葉に結実した。無敵艦隊との決戦前に現地へ赴き兵士の前で行った「ティルベリーの演説」では次のように語った。「私は肉体の弱い女性だが、イングランド国王としての心と勇気をもっている。自ら武器を取り、あなた方の司令官、審判者として、その働きに報奨を与える者となりたい」。また、治世最後の議会では、「私以上にあなた方を愛し、心にかける君主はいない」と話し、議員たちを感動させたという。

女王を描く作品はあとを絶たない。演技派女優ケイト・ブランシェットが女王を演じた映画『エリザベス』は第2弾まで制作された。『ふたりの女王 メアリーとエリザベス』はエリザベスが処刑せねばならなかったメアリー・スチュアートとの関係を創作を交えて描いた。作中では、倹約家すぎてケチだったり、望まぬ決断をして不機嫌になったりと、より人間らしい姿が描かれている。

Francis Walsingham

フランシス・ウォルシンガム

別名　スパイ・マスターなど

生没年　1532年?〜1590年

地位　秘密警察長官

ゆかりの地　ケンブリッジ大学（イギリス）など

情報に金は惜しまない！　女王の敵を排除した名スパイ

エリザベス1世〔↓P136〕の時代にはじめてスパイが組織化された。映画『007』シリーズで知られるMI6の先駆け的存在ともいえるその組織を指揮したのがウォルシンガム、「イギリス課報機関の父」とも呼ばれるスパイだ。

ウォルシンガムはケンブリッジ大学に進学したが、メアリー1世の治世下にプロテスタントとして迫害され、海外の大学へ逃れた。その間、人脈づくりに励みスパイが使う暗号について見聞を広げたという。エリザベス1世即位後に帰国。豊富な海外経験を買われて女王の側近になり、秘密警察を指揮した。

ウォルシンガムの最重要ターゲットはスコットランド女王メアリー・スチュ

アートだ。メアリーは結婚相手の暗殺容疑で母国を追われエリザベスの保護下にいた。にもかかわらず、自分こそイングランド女王に相応しいと主張。エリザベス暗殺計画にも関与が濃厚だったが、処罰には確たる証拠が必要だった。

ある日、メアリーとカトリック教徒バビントンとの文通が発覚する。ふたりは醸造屋のビール樽のなかに暗号文を隠し、国外のカトリック勢力によるメアリー脱出と侵攻計画をやり取りしていた。この文通の種を明かせば、ふたりを結びつけたのもビール樽に手紙を隠すよう提案したのもウォルシンガムのスパイであるという。これはメアリーへの罠だったのだ。とっくに解読されていた暗号文を突きつけられ、ついに女王はメアリーの斬首に許可のサインをした。

無敵艦隊との戦いにおいてはスペイン側にもスパイが潜み、艦隊の規模、装備などがウォルシンガム側に筒抜け。これほど貢献したのにエリザベス1世が報奨金を惜しんだため、ウォルシンガムは私財を投げ売って活動していた。「情報に金を惜しむな」というウォルシンガムの精神は引き継がれ、のちの世界大戦ではイギリスに情報戦の勝利をもたらす。伝説のスパイの名は、SF小説『屍者の帝国』ではスパイ機関の名称にもなっている。

フランシス・ドレーク

Francis Drake

別名 エル・ドラコ（悪魔）など

生没年 1540年頃～1596年

地位 私掠船船長、海軍副指令官

ゆかりの地 プリマス港（イギリス）など

女王お気に入りの海賊がとった〝火だるま軍艦〟攻撃

エリザベス1世［↓P136］の時代、スペインは地上最強の国とされていた。その大国がイングランド王国をカトリックに改宗させるため差し向けた無敵艦隊は、130隻もの大艦隊に約3万人の兵士、180人の修道士らが乗り込んでいたという。しかし大艦隊は撃破される。その勝利の立役者こそドレークだ。

ドレークはプロテスタント農民の子としてうまれ、カトリック教徒が蜂起した際迫害を逃れるため船に乗り込んだ。まだ10歳に満たない年齢だった。長じると操船術の才覚を生かして海賊になった。背は高くないが日焼けしたしっかりした体つきで、航海において蛮勇は振るわなかったという。

当時エリザベス1世は海賊に私掠船の許可を与え、略奪品を献上させて資金としていた。ドレークも私掠船船長に認められ、愛船ゴールデン・ハインド号で世界一周に成功。その功績により「サー（貴族）」の称号を与えられた。

スペインとの関係が悪化し、海軍の強化に迫られた女王はドレークを参謀に起用。1588年、ついに無敵艦隊が出航したとの情報がもたらされる。ドレークは、若かりし頃スペイン船に追われた恨みを込めたのか、旗艦リベンジ号で参戦。やがて決定的な機会がやってくる。敵はオランダから合流しに来るはずの部隊を待っており、動けない時間が多かった。そんな時には小舟による火船攻撃が常套手段だが、ドレークの火船は小舟どころではなく大胆にも軍艦だった。ありったけの火薬を積んだ数隻の軍艦の火力は敵の予想を遥かに超え、無敵艦隊は四散して逃げ道を探す羽目に。艦隊の帰国は過酷を極め、食料は尽き悪天候に船は沈められ、約2万人が犠牲になったという。

ドレーク自身は1596年のカリブ海遠征で命を落とした。女王に「私の海賊」と呼ばれ、現在もイギリスを救った海賊のヒーローとして人気。日本ではゲーム『Ｆａｔｅ』シリーズで女性キャラとなってその勇姿を見せている。

William Shakespeare
ウィリアム・シェイクスピア

生没年 1564年～1616年
地位 詩人、劇作家
ゆかりの地 グローブ座（イギリス）など

王権に疑問を呈す偉大な作家が残したミステリー

エリザベス1世［↓P136］の時代の劇作家シェイクスピアの作品は世界の学生が学ぶ英文学の古典であるが、作家本人の半生には謎が多い。出生はストラトフォード・アポン・エイボンという町で、裕福な職人の家にうまれた。が、13歳の時実家は経済的に傾き、18歳で8歳年上のアン・ハサウェイと〝できちゃった婚〟をした。20歳頃シェイクスピアの足跡は突如途絶え、およそ8年後、ロンドンの人気劇作家として再び記録に現れる。

シェイクスピアは大臣お抱え一座から、ジェームズ1世の時代には国王一座に昇格。家庭では長男がわずか11歳で亡くなる不幸に見舞われたが、仕事は順調に運び、ロンドンのグローブ座を拠点に国王に捧げられた『マクベス』などを上演した。興業による収入でほかの作家が妬むほど儲かっていた。

作風は政治との関わりが強く、ほぼ全作品に何かしらの王が登場するといわれる。根底には、かつてカトリック教徒であったシェイクスピアの王の神格化に対する疑問があるという。パトロンだったサウサンプトン伯はエセックス伯ロバート・デヴルーと反乱を起こし、その反乱前夜シェイクスピアはヘンリー4世に王権を奪われた王を描いた『リチャード2世』を上演したと伝わる。エセックス伯は逮捕され処刑された。王への批判を露骨にできない時代、劇にどんな思いを込めたのか。それを解読しようとする研究者はあとを絶たない。

20歳以降の失われた8年に何をしていたのかもわかっていない。その謎を説明しようと「シェイクスピア別人説」がうまれた。シェイクスピアの名を使った者は誰か。ある説は同時代の哲学者フランシス・ベーコンをあげ、またある説ではウォルシンガム［↓P140］のスパイだった作家クリストファー・マーロウのペンネームであるという。ハロルド作石のマンガ『7人のシェイクスピア』シリーズはこの別人説を踏まえ〝本当のシェイクスピア〟に迫っている。

Oliver Cromwell

オリバー・クロムウェル

別名 王殺しなど

生没年 1599年～1658年
地位 議会軍司令官、護国卿
ゆかりの地 ケンブリッジ（イギリス）など

王殺しか、軍事的天才か？　評価が割れる独裁者

17世紀、徹底した宗教改革を標榜するピューリタン革命が勃発する。国内は英国国教会を信仰する国王軍とピューリタン派の議会軍が対立、議会軍は政治家トマス・クロムウェルを先祖にもつ名門出身のオリバー・クロムウェルが指揮した。彼はケンブリッジにうまれ、若い頃は失職の末に農場経営をするなど苦労を重ねたという。しかし、議員に当選し、40歳を過ぎてから指揮官の才能が開花。市民の寄せ集め軍隊に信仰を説き、聖書を手に戦う軍団をつくりあげた。クロムウェルのあだ名「アイアンサイド（意味は「勇敢な者」など）」から「鉄騎隊」と呼ばれたその軍隊はさらに強化され、規律正しい生活や鍛錬を

取り入れた「ニュー・モデル軍」が編成された。功績次第で身分に関係なく出世できるという、当時としては画期的な軍だった。ニュー・モデル軍は国王チャールズ1世を捕らえ、1649年、王は死刑となった。

同年クロムウェルはアイルランドへ侵攻、多くの市民を虐殺。次いでスコットランドを併合。事実上の独裁権力者となる護国卿の官職に就いたクロムウェルは、国民に華美な服装や観劇といった娯楽を禁じ、ピューリタン的な禁欲生活を強要した。一方、自身は豪華な宮殿住まいを満喫したといい、病気で死去するまで独裁は続いた。死後にチャールズ2世が即位し王政が復活すると、一転して「王殺し」の批判を浴びた。遺体は掘り起こされて斬首、首は24年にわたってさらされたあと、何者かにもち去られ、見世物や骨董品扱いとなり、最終的にクロムウェルの故郷ケンブリッジの大学に保管されることになった。

この人物への後世の評価は真っ二つだ。軍事的天才として軍艦などに名づけられる一方、独裁者としてネガティブな印象も残る。実はイギリス史ではじめて消費税を導入したのはクロムウェル。近代的な政治を取り入れた功績もあり、ロンドンの国会議事堂の前には彼の銅像が立っている。

William Kidd
ウィリアム・キッド

別名 キャプテン・キッド、東インドの疫病神など

生没年 1645年?~1701年
地位 私掠船船長
ゆかりの地 カリブ海など

後世に財宝伝説を残した悲運の海賊

「キャプテン・キッド」の通称でも知られる海賊。キッドの幼少期は不明だが、スコットランド出身で早くにカリブ海へ渡り、バッカニア(カリブ海の海賊)として活動したとの記録がある。やがてニューヨークへ渡ったキッドは思わぬ出世をした。当時、イングランド本国が送り込んだ総督と現地勢力が争っており、キッドは総督に加勢して功績をあげたのだ。さらに裕福な未亡人と結婚し、広大な土地を得て資産家になった。そこで資産家人脈を生かして出資を募り、イングランド本国の認可を受けて私掠船事業をスタートさせた。

しかし、17世紀は東インド会社の交易が急拡大し、海賊は交易国との通商を

阻む厄介者と考えられていた。私掠船の認可をもっていても同様だ。アドヴェンチャー・ギャレー号で私掠船として活動しはじめると、東インド会社から「疫病神」のあだ名をつけられ槍玉にあげられた。実際キッドは、当初は海賊船を狙っていたのに、海賊船に出くわさなくなると交易国の商船を狙うようになっていた。違法行為を働いているという自覚がないキッドはボストンに帰港するが、ただちに逮捕された。裁判では、航海の途中に口論になって誤って乗組員を撲殺してしまった事件をもち出され、殺人罪も加わって絞首刑に。キッドの言い分はまったく聞き入れられず、私掠船の証明となる複数の証拠も〝紛失〟したという。キッドの遺体は防腐剤のタールを塗られ、鉄製の柵に入れて吊るされた。このような経緯から、キッドは海賊が目障りになった東インド会社と政府に見せしめとして処刑されたという説が有力だ。

キッドは帰国の途上で身の危険も感じ、奪った財宝をどこかに隠したという。これが後世に海賊の隠し財宝伝説としてひとり歩きして、今では海賊物語に欠かせない要素になっている。伝説は日本にも渡来し、鹿児島県トカラ列島の宝島にキャプテン・キッドの埋蔵金伝説が残されている。

Edward Teach

エドワード・ティーチ

別名 黒髭など

生没年 1680年?〜1718年

地位 海賊

ゆかりの地 ノースカロライナ（アメリカ）など

凶暴かつ派手に散った大海賊

顔中に生やした髭の不気味さから「黒髭」と呼ばれた大海賊。凶悪な行動で知られ、目立つのも好きで赤いマントを翻していたと伝わる。しかし、派手な演出はかえって討伐対象になり、自身の海賊団を率いてから1年ほどで討伐されることになった。戯曲『ピーター・パン』のフック船長など海賊らしい海賊のモデルとなった人物といわれている。

アン女王の復讐号

当時最大級の大型重武装船だった黒髭の旗艦。もとはフランスの奴隷船でティーチが拿捕し、砲門を加えた。1996年にノースカロライナ州沖で発見された沈没船がこの船である可能性が高いのだとか。

黒髭

ティーチは伸ばした髭をドレッドヘアのように房に編み、なかに可燃性の大麻を織り込んだという。火をつけて煙を立たせることで、獰猛な雰囲気に見せたらしい。

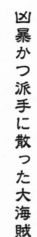

最期まで徹底的に「悪魔」を貫いた海賊

エドワード・ティーチは名だたる海賊のなかでも特に後世に名を残した大海賊だ。行動は残忍だったが、読み書きができたため、裕福な家の出身で、一説によればイギリスのブリストル出身だという。最初は私掠船に乗り込み、のちに海賊になったと考えられる。自身の船「アン女王の復讐号」を旗艦にしてから自らが海賊団のキャプテンになり、およそ1年でアメリカ東海岸、現在のバージニア州やサウスカロライナ州を荒らしまわって名を轟かせた。ティーチは女好きだったようで13回も結婚したといわれ、妻たちはティーチの影響下にあった諸島にそれぞれ置かれた。

商船を脅かす大海賊として政府に賞金をかけられ、最後にはノースカロライナ州のパムリコ湾で英国海軍ロバート・メナド中尉の警備船に捕捉された。その船の甲板に少数の兵士しかいないのを見たティーチが勇んで乗り込むと、隠れていた兵士が大勢現れ取り囲んだ。一気に袋のネズミになったティーチは敵味方も構わず暴れ狂ったが、銃弾が命中し、ついに倒れた。伝説ではその体には25カ所の傷があったという。その際、手下がこれまでに奪った財宝の隠し場所を聞くと、ティーチは、「知っているのは俺と悪魔だけだ。長生きした方が手に入れるのだ」と答えたという。

〝豪胆で個性が濃い〟海賊キャラを広めた元祖

さまざまな書物で伝わるティーチ像はとにかくキャラが濃い。トレードマークの長い髭に加え、首からは絹紐の両端に拳銃をくくりつけて6丁も下げていたとも伝わる。戦いの際には髪に絡めた大麻に火をつけ、ラム酒に火をつけて飲むのも好んだとの伝説もある。性格は豪胆で、仲間と和気あいあいカードゲームをしている時に突然拳銃をでたらめに放ち、手下の足に命中させた。驚く手下に「こうしないと俺様が誰か忘れるだろ」と豪語したという。

創作における海賊像に与えた影響は絶大だ。映画『パイレーツ・オブ・カリビアン』シリーズの登場人物や、マンガ『ONE PIECE』の大海賊〝黒ひげ〟にもその影響が見てとれる。ゲーム『Fate』シリーズでは濃いキャラ像を踏襲したのか、強烈なオタクキャラとして現代に復活した。

Anne Bonny / Mary Read
アン・ボニー／メアリー・リード

生没年 ?～1782年?（アン・ボニー）?～1721年（メアリー・リード）
地位 海賊
ゆかりの地 カリブ海など

男以上に勇ましく戦い抜いた女海賊

アンとメアリーのふたりはいずれも男装して海賊船に乗り込んだ女性だ。

アンの方は弁護士の父とメイドの母の不義の子として誕生。父母はやがてアメリカへ渡り大農園主となった。ところがアンは令嬢とはほど遠い乱暴者で、水夫と駆け落ち。たどりついたニュー・プロヴィデンス島で名うての海賊ジョン・ラカムに出会い、またしても恋に落ちて彼のもとへ走った。アンはただの船長の妻ではなく、自ら戦闘に参加。船では男装して過ごした。そんなアンがある日一目惚れした船内の〝美少年〟こそ、メアリー・リードだった。

メアリーはイギリス出身。父親は母と息子を残して海へ出て帰ってこなかったという。さて母親は父親不在のはずなのに娘メアリーを妊娠。世間の目から逃れるように田舎へ移住すると今度は息子が亡くなった。その時の母親の心境は定かではないが、母はメアリーに長男の服を着せるようになったという。メアリーは男装して軍艦の見習い兵士になり、その後ラカムの海賊団に襲撃された。当時の海賊団は政府の取り締まりが厳しかったため万年人手不足であった。メアリーは勧誘されるままに海賊になったのだった。

こうしてラカムの船で出会い、互いに女性であることを打ち明け意気投合したふたり。ジャマイカでついに海賊討伐軍に追い詰められた時には、ほかの手下たちが逃げるなか、最後まで甲板の上で抵抗し続けた。のちの裁判ではラカム同様にふたりに死刑判決が下る。アンはラカムに「あんたがちゃんと戦っていれば首を吊られることなんかなかった!」と吐き捨てたという。

妊娠を理由にふたりには刑の延期が認められ、メアリーは出産時に死去した。アンはというとその後行方不明に。有力者であるアンの父親が助け出したのではとの説もある。男以上に勇猛に生きたふたりはゲーム『Ｆａｔｅ』シリーズにもふたり一組で登場している。

Bartholomew Roberts

バーソロミュー・ロバーツ

別名 ブラック・バート（黒い男爵）など

生没年 1682年～1722年

地位 海賊

ゆかりの地 ギニア湾（ガボン共和国）など

最後にして最強の大海賊は伊達男

バーソロミューの記録は1719年の奴隷船の航海士としてはじめて確認できる。その後、海賊船に襲われ、勧誘されて海賊になったと伝わる。最初に仕えた船長が戦死すると敵に報復し、海賊団を自ら指揮するようになった。海賊船に乗り込んでわずか6週間のできごとである。

当時の海賊は奪った衣服や武器をまとい、豪華さを競ったという。バーソロミューは極上のダマスク織のベストとズボンに赤い羽根を差した三角帽子、首からはダイヤモンドの十字架がついた金の鎖を下げていた。その服装は海賊団を率いてわずか3年で400隻の船を掠奪したという海賊にふさわしいもの。

掠奪した船の数ではエドワード・ティーチ［→P150］を遥かに超えるという。

バーソロミューの最期は1722年、ギニア湾沖の王室海軍との戦いで、手に剣をもち絹帯に吊るした2丁の拳銃を首から下げ、生死の覚悟を決めた様子だったという。奮戦むなしくブドウ弾（散弾）を受けて死亡、自慢の服のまま海に投げ込まれた。最後の大海賊の死は大航海時代の終わりを意味していた。

取り締まりが厳しいなかで3年も海賊行為を続けたことを評価する向きもある。バーソロミューが手下に守らせた「掟」は有名だ。その内容は、午後8時以降の飲酒は甲板で行うこと、女子どもを船に連れ込み乱暴することの禁止、男装した女を連れ込んだら死刑など。まるで正規軍のような統率のとれた軍団は、最盛期には4隻の船団、500人の船員を数えた。

大軍団を率いるバーソロミューの姿は、男前で伊達者な容貌も相まって貴族的に見えたらしく、あだ名は「ブラック・バート（黒い男爵）」。ティーチが凶悪海賊の代表とすれば、バーソロミューは紳士的な海賊のイメージのもととなった人物といえる。おしゃれで紳士的なところは映画『パイレーツ・オブ・カリビアン』の主人公ジャック・スパロウの設定と共通する特徴でもある。

ホレーショ・ネルソン

Horatio Nelson

別名 ネルソン子爵など

生没年 1758年～1805年

地位 イギリス海軍地中海艦隊総司令官

ゆかりの地 トラファルガー広場（イギリス）など

隻眼・隻腕の偉大な提督

命をかけて国を守った提督として今もイギリス人に記憶される国民的英雄。自己犠牲も厭わず勇気あふれる行動を部下に示し、隻眼、隻腕になっても戦い抜いた武勇伝のもち主である。ナポレオン［→P58］に制海権を諦めさせる決定的な勝利をあげたトラファルガーの海戦で敵弾を受けて戦死。遺体は丁重にもち帰られ、イギリス史上最大の国葬で弔われた。

トラファルガーの海戦

イギリス本土上陸をもくろむナポレオンが集めたフランス＝スペイン艦隊をスペイン西岸トラファルガー沖で撃退した海戦。敵の一列に並んだ艦隊に対しネルソンは複数列の縦隊で直角に突撃するという当時常識外れの戦法を考案。この戦法は「ネルソン・タッチ」と呼ばれた。ロンドンのトラファルガー広場は戦勝を記念したもので、海戦のあった10月21日はトラファルガー記念日とされている。

満身創痍で勇気を示す大胆不敵な海のヒーロー

厳格な牧師を父にもつネルソンは、軍で身を立てようと母方の叔父の縁を頼ってわずか12歳で海軍入りした。北西航路ではホッキョクグマと格闘し、のちに数多の海戦で発揮する勇猛果敢さの片鱗を見せている。その後はアメリカ独立戦争で経験を積み、1777年に海軍大尉に昇進した。1787年に裕福な農園主の娘と結婚すると、しばし海から離れて過ごした。

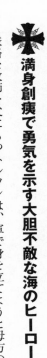

ナポレオン率いるフランス革命政府との戦争が起こり、再び海へ。艦長として地中海などで戦果をあげたが、時に無謀と紙一重の大胆な戦い方は手痛い負傷となって跳ね返ってきた。コルシカ沖の戦いで片目の視力を、テネリフェの戦いで右腕を失ったのだ。それでもネルソンは突き進んだ。1798年、エジプト沖ナイルの海戦ではフランス船11隻を沈め大勝利をおさめた。1801年にはコペンハーゲンでオランダ艦隊に勝利。その際、上官からの撤退信号を「私は盲目になる権利がある」と言って無視した逸話が知られている。

1805年、地中海艦隊総司令官として旗艦ヴィクトリー号に乗り、トラファルガーの海戦でフランス＝スペイン艦隊を撃破。開戦前、「各員がその義務を果たすことを期待する」と兵士を鼓舞。自ら砲弾が乱れ飛ぶ甲板を威風堂々と歩きその言葉を実践したが、狙撃兵の標的になり銃弾を受け戦死した。

この戦いでフランスのイギリス本土侵攻を阻んだとして国民はネルソンに熱狂した。ヴィクトリー号は歴史的な軍艦として保存され、日本の三笠、アメリカのコンスティチューションとともに世界三大記念艦として知られている。

庶民の好奇心をくすぐった前代未聞のゴシップ

海の男ネルソンは私生活でもスリルを求めたらしい。駐ナポリ大使夫人エマ・ハミルトンとのダブル不倫はのちに映画や小説にもなった。エマは絵画のモデルをしていた美女で、親子ほど年の離れた夫とネルソンの3人で同居もした。前代未聞のゴシップは庶民の話題をさらったという。

醜聞も男の勲章なのか、後世のネルソン人気は揺るがない。彼にちなんで名づけられた軍艦ネルソンは第二次世界大戦で活躍。日本ではゲーム『艦隊これくしょん』にも実装された。

エリザベス１世の異母姉メアリー１世は、厳格なカトリック政策をとったことから「ブラッディ・メアリー」の異名がある。また、彼女の夫フェリペ２世も厳格なカトリック教徒であった

4章 スペイン・ポルトガルの英雄

イベリア半島はかつてイスラム勢力の支配圏であったが、10世紀頃からレコンキスタがはじまり、ポルトガル王国とカスティリャ王国は国土を取り戻すことに成功。両国は大航海時代の覇者となり、栄華を極めた。

中世～近世 スペイン・ポルトガル年表

年	おもなできごと
718	レコンキスタ（国土回復運動）がはじまる
930頃	カスティリャ王国が成立
1035	アラゴン王国が独立
1143	カスティリャからポルトガルが独立
1251	グラナダを除くイスラム勢力を駆逐（カスティリャ）
1415	エンリケ航海王子がセウタを攻略（ポルトガル）
1469	カスティリャ王女イサベルとアラゴン王子フェルナンドが結婚
1474	イサベル1世が即位
1479	カスティリャとアラゴンが併合し、スペイン王国成立
1488	バルトロメウ・ディアスが喜望峰に到達（ポルトガル）
1492	グラナダ陥落（スペイン）

エル・シッド▶P166

エンリケ航海王子
▶P170

イサベル1世
▶P172

1494	コロンブスがサンサルバドル島に到達（スペイン）
1494	トルデシリャス条約
1498	ヴァスコ・ダ・ガマがカリカットに到着（ポルトガル）
1499頃	アメリゴ・ヴェスプッチの航海（スペイン）
1512	セルランがモルッカ諸島に到達（ポルトガル）
1516	カルロス1世が即位（スペイン）
1519	マゼランが世界周航を開始（スペイン）
1556	フェリペ2世が即位（スペイン）
1568	オランダ独立戦争が勃発（スペイン）
1571	レパントの海戦で勝利（スペイン）
1580	スペインがポルトガルを併合
1588	アルマダの海戦で敗北（スペイン）
1615	セルバンテスの小説『ドン・キホーテ』が完成（スペイン）
1640	ポルトガルがスペインより独立
1701	スペイン継承戦争が勃発（スペイン）

クリストファー・コロンブス
▶P174

カルロス1世
▶P178

ラモラール・ファン・エフモント
▶P184

ドン・キホーテ・デ・ラ・マンチャ
▶P180

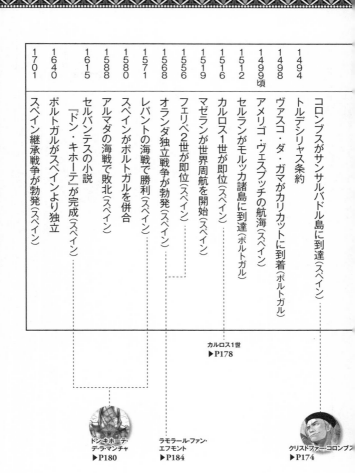

El Cid
エル・シッド

別名 ロドリーゴ・ディアス・デ・ビバールなど

生没年 1043年頃〜1099年
地位 カスティリャ王国の貴族、軍人
ゆかりの地 バレンシア（スペイン）など

スペインの国民的英雄

11世紀後半のレコンキスタ（国土回復運動）で活躍したカスティリャ王国の軍人。傑出した野戦指揮官で、その武勲は吟遊詩人にうたわれ、叙事詩『わがシッドの歌』で伝説的英雄として名を残した。カスティリャ王から2度にわたる追放を受け、一時はイスラム教徒の味方につくことも。バレンシアを平定し、王にも等しい地位を築いた。

『わがシッドの歌』
スペイン最古の文学作品とされる、英雄エル・シッドを主人公とする叙事詩。12世紀後半の作とされるが作者は不詳。史実の記録としての価値も評価されている。

レコンキスタ（国土回復運動）
711年のイスラム侵攻以来、イスラム教徒に占領されたイベリア半島をキリスト教徒の手に奪回する運動のこと。1492年のグラナダ陥落まで続いた。この過程でポルトガル・スペイン両国家が成立。

イスラム教徒の味方にもなったレコンキスタの英雄

11世紀後半のレコンキスタ（国土回復運動）で活躍したスペインの英雄エル・シッド。この名は通称で、エルはスペイン語の定冠詞、シッドはアラビア語のサイード、つまり「主人」を意味する語に由来する。国土回復のためイスラム教徒と戦った英雄は、一時はイスラム教徒の守護者でもあったのだ。

イベリア半島に位置するカスティリャ王国の軍人の家にうまれたシッドは、幼い時から宮廷に入りサンチョ2世のもとで軍人としての名声を不動のものとした。ところがサンチョ2世が暗殺され、弟のアルフォンソ6世が王位に就いたことで運命は大きく変わっていく。アルフォンソが王となると、シッドは王と衝突して追放されてしまう。一説では、サンチョ2世の暗殺の首謀者は、弟アルフォンソとその姉ウラカだともいわれている。

国を追われたシッドだったが、彼を慕う多くの兵士が彼のもとに集っていた。妻や娘たちに別れを告げて部下とともに放浪の旅に出たシッドは、一時はサラゴサのイスラム教徒に味方したことも。この時代のレコンキスタはまだ宗教色が弱かったため、キリスト教徒とイスラム教徒が入り乱れて戦っていたのだ。

死後もミイラとなって国土と家族を守る

一方、アルフォンソ王はイスラム教徒との戦いで窮地に陥っていた。そこでシッドを呼び戻して彼の軍事的才能に頼ることにするが、しばらくすると再び追放してしまう。シッドはバレンシアを征服すると幽閉されていた妻子を呼び寄せ、5年間の統治を経て亡くなった。叙事詩によれば、死期を悟ったシッドは自ら食を絶ち、死体を保存する準備をして、数十年以上生前の姿のまま台座に座っていたという。そしてその姿で、愛馬バビエカに乗せられて巡行したのだ。また、イスラム軍に包囲された時、シッドの遺体を愛馬に乗せて突撃するとイスラム軍は恐れて逃げたため、妻ヒメナは無事にバレンシアを脱出できたという。英雄の死後、バレンシアの地はイスラム教徒の攻勢によって失われ、キリスト教徒の手に戻るのに100年以上の年月がかかることになる。

ちなみに、叙事詩ではシッドの愛剣ティソーナとコラーダは妖精によって鍛えられたという。彼の愛剣は、スペインの博物館に展示されている。

エンリケ航海王子

Henrique o Navegador

別名 ヴィゼウ公など

生没年 1394年～1460年
地位 ポルトガル王子
ゆかりの地 マデイラ島（ポルトガル）など

ポルトガルの運命を切り拓いた王子の功績と罪

エンリケ航海王子は探検や航海事業を推し進めて、大航海時代の先駆けとなった重要人物のひとりだ。現在もポルトガル領となっているマデイラ諸島などは、彼が派遣した船乗りたちが植民地化したものだ。だが、「航海王子」という名は彼の功績を認めたのちの歴史家がつけたあだ名で、実は本人はジブラルタル海峡を渡った程度。ひどい船酔い体質のため大航海はできなかったという。ただ、彼には莫大な財産と時代の先を読み解く先見の明があった。

ポルトガル王ジョアン1世の第5子である王子は、莫大な財産を譲り受け若くして資産家に。1415年にはイスラム勢力が支配するモロッコの都市セウタを攻略。この時王子は大西洋の島を次々と植民地化。そのまま未開の地であったアフリカ西岸での貿易路を拓くため、探検に乗り出す。自ら科学者や天文学者と交流し、知識を蓄え、航海者の育成に力を注いだ。

一方で熱心なキリスト教徒だった王子は、1420年にテンプル騎士団の後継であるキリスト騎士団の総長に就任した。彼が航海事業に着手した目的のひとつには、アフリカ大陸のどこかにいるプレスター・ジョンと軍事同盟を締結し、イスラム勢を攻略しようというプランがあったという。プレスター・ジョンとは伝説上のキリスト教国の国王で、十字軍を助けてエルサレムをイスラム教徒から奪回するためにやってくると広く信じられていた。

ポルトガルの領土拡大とキリスト教布教に突き動かされ、探検隊は「この先は煮えたぎる海がある」と恐れられていた未踏の地ボジャドール岬（アフリカ大陸西岸）をついに越え、さらにサハラ砂漠南端にたどりつく。王子の活動で南アフリカと直接交易できるようになったポルトガルは、大航海時代の先駆者として財を築きあげた。一方で、新たな土地との交易はやがて黒人を連れ帰り奴隷として販売することもうみ出していった。

Isabel I

イサベル1世

別名 カトリック王など

生没年 1451年～1504年
地位 カスティリャ女王
ゆかりの地 グラナダ（スペイン）など

自分の運命は自分で決める！　信念を貫いた女王

スペインを統一に導き、レコンキスタ（国土回復運動）を完成させたイサベル1世。スペイン史上最も偉大な女王のひとりとして知られ、その波乱万丈な人生は海外ドラマでも取りあげられている。

スペインの前身にあたるカスティリャ王国の王女としてうまれるが、父王が亡くなり異母兄エンリケ4世が跡を継いだことで宮廷を追放されてしまう。貧しく辛い幼少期を過ごすが、王位継承争いのごたごたで担ぎ出されることに。さまざまな謀略の的にされながらも後継者争いに勝利したのだった。

その後、隣国ポルトガルとの併合を目論んだエンリケ4世によって、イサベルはポルトガル王の後妻とされる予定だった。ところがイサベルはこの政略結婚に「ノー」を突き返す。カスティリャにとって必要なのはポルトガルではなく、地中海に領海権をもつアラゴン国との同盟だと判断したのだ。怒ったエンリケ4世は彼女を幽閉。しかしイサベルは、いち早くアラゴン国に援軍を頼み無事救出され、彼女はアラゴン王子と結婚した。

エンリケ4世の死後、ついにカスティリャ女王に即位。その5年後、夫がアラゴン王になると2国は統一され、スペイン王国が成立した。そして、イスラム国家のグラナダを陥落させレコンキスタを完成させた。その功績がローマ教皇に認められ、夫とともに「カトリック両王」の称号を授けられた。敬虔なカトリック教徒であったイサベルは、一途な信仰ゆえか異教徒には厳しい処罰を行った。異端審問裁判所を設置し、悪名高い異端審問の嵐が吹き荒れるきっかけをつくってしまったのである。

一方で、当時誰も興味を示さなかったコロンブス［↓P174］の新大陸進出の資金援助も行っている。まさに勇気ある決断力と抜群の統率力をもつ偉大な女王なのだ。

Christopher Columbus

クリストファー・コロンブス

生没年 1451年〜1506年
地位 航海者
ゆかりの地 サンサルバドル島（バハマ）など

西へ大航海の末、新大陸を「発見」

大西洋を横断してアメリカ大陸沿岸に到達した航海者。商人出身の船乗りで、地球球形説を信じ西航してインドへ到達することを目指す。苦難の末に新大陸にたどりつくも、実はそこはインドではなかった。期待していた資源獲得はうまくいかず、トラブルにも巻き込まれて失意のうちに死亡。しかし新大陸の発見者として人類史を大きく動かした。

サンタマリア号
コロンブスが率いていた船団の旗艦船。出航から２カ月後にハイチの北岸沖で座礁、沈没した。コロンブスは残る２隻でスペインに帰国した。

コロンブスの卵
立たせることのできない卵を、コロンブスは底をテーブルにぶつけて立たせたことから、「誰でもできそうなことを最初にやるのは難しい」などの意味で使われるようになった。しかし実は別人の逸話だとされている。

不屈の魂でだれも成し得なかった大航海へ

「ダヴィデ王以来、わたしほど神の恩恵に授かった者はいない」――これは大航海の果てにアメリカ大陸沿岸に到達し、人類史を大きく動かしたクリストファー・コロンブスの言葉だといわれる。

イタリアのジェノヴァにうまれたというコロンブスは、商人として地中海をはじめ、縦横無尽に海をわたり歩いた。やがて彼は地中海より広大でロマンあふれる大西洋を夢見て、大西洋に面したポルトガルのリスボンへ居を移した。

ここで航海術をさらに学んだコロンブスは、資源の宝庫であるインドに到達すべく西回り航路による航海を計画。当時は東回り航路でポルトガルから次々と船が出されていたが、「地球球体説」を唱える天文学者トスカネリに励まされ、大西洋を西進した方がインドへの近道だと確信したのだ。莫大な資金が必要な遠洋航海に向けてパトロン探しに奔走し、ようやくスペイン女王イサベル1世［↓P172］の援助を得て、コロンブス一行はスペインを出港した。

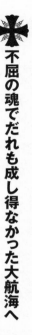

新しい時代を切り拓いた航海者が残した遺産とは？

120人の乗組員を乗せた3隻の船は荒れ狂う大海原に投げ出された。陸地も見えず不安を募らせる船員たちに、コロンブスは「今にきっと、たくさんの宝が手に入るぞ！」と叱咤激励したという。トスカネリの海図を手に、彼だけは成功を信じていたのだ。72日間にも及ぶ航海の末、現在のバハマ諸島サンサルバドル島に到着。西欧人として新大陸を「発見」したのである。実はそこは目指していたインド大陸ではなかったが、コロンブスはこれらの地をインドと信じたため、アメリカ先住民は「インディオ」と呼ばれるようになった。

この成功はスペインで大歓迎を受け、第二次航海が大編成で行われた。しかし、新大陸では期待していた黄金を手に入れることができず、コロンブスに対する風当たりは日に日に厳しくなるばかり。彼の偏屈な性格も災いして航海を重ねるたびにトラブルが続き、不遇のうちにこの世を去ることとなった。

大航海時代の幕開けという偉業を成し遂げたが、一方で先住民の虐殺と、天然痘の持ち込みによる大量の死という負の遺産も残す結果となった。

Carlos I

カルロス1世

別名 カール5世など

生没年 1500年～1558年

地位 スペイン国王、神聖ローマ皇帝

ゆかりの地 エル・エスコリアル修道院（スペイン）など

空前の一大帝国に君臨し、70もの称号をもつ王

ヨーロッパを越えて新大陸アメリカに及ぶ世界帝国を築きあげ、スペインを「太陽の沈まない国」にしたカルロス1世。数多の国の王を兼任してヨーロッパ君主のなかでも随一の栄光を得た人物は、常に戦争に身を置いていた。

ヨーロッパ王家屈指の名門であるハプスブルク家にうまれ、16歳でスペイン国王に即位。この時すでにナポリ王など70以上の称号をもつことになった。その3年後、フランス国王フランソワ1世と神聖ローマ皇帝の座を争い、選挙に勝って皇帝の座を手にした。「カルロス1世」はスペイン国王としての名で、兼任した神聖ローマ皇帝としては「カール5世」と呼ばれる。

この選挙の決め手は、７人の選帝侯に送られる賄賂の額だった。対抗馬フランソワ1世が40万エキュ（金１・５ｔ相当）を用意したのに対し、カルロス1世は、85万フィレンツェ金貨（金２ｔ相当）を調達。言わばカルロス1世は神聖ローマ帝国を買収したのだ。

それから退位するまでの約40年間は戦いの連続だった。犬猿の仲のフランス国王とはイタリア支配などをめぐり衝突。ウィーンを攻めてきたオスマン帝国と戦い、さらにアメリカ大陸ではメソアメリカ文明を滅ぼした。その一方でカトリックの盟主として、ドイツで宗教改革を進めていたルターを追放。プロテスタントを屈服させようとしたが、抑えきれずルター派を容認した。

血生臭い闘争ばかりに身を置いたが、庶子を認めるという人のいい一面も。結婚前に町娘にうませた女児はパルマ公に嫁ぎ、一夜をともにした町娘にうませた男児はオスマン帝国との戦いで総司令官として活躍している。内政よりも対外戦争に目が向いていたため、その苦労とは裏腹に民衆には評価されず、晩年は若い頃からの美食と大食がたたって痛風に。56歳で退位して重荷を下ろすと修道院で隠遁生活を送り、２年後に静かに息を引き取った。

ドン・キホーテ・デ・ラ・マンチャ

Don Quixote de la Mancha

別名 アロンソ・キハーダなど

生没年 不明
地位 スペインの郷士、架空の騎士
ゆかりの地 ラ・マンチャ地方(スペイン)など

無謀の代名詞ともなった架空の騎士

小説『ドン・キホーテ』の主人公。騎士道物語に没頭するあまり自分を騎士だと思い込み、老馬ロシナンテにまたがって冒険の旅に出る。農夫をサンチョ・パンサと名づけて従者とし、彼が止めるのも聞かず巨人と思い込んだ風車に突進するなど、行く先々で悲喜劇的な事件を巻き起こす。最後は冒険をあきらめて村に帰り、正気に戻って息を引き取った。

『ドン・キホーテ』

正式な題名は『才智あふるる郷士ドン・キホーテ・デ・ラ・マンチャ』で、1605年に刊行。当初は騎士道物語を批判するという目的があった。発表されると、黄金期が過ぎて衰退へ向かいつつあったスペインで大人気に。過去のロマンに取りつかれて現実が見えずに混乱を引き起こす主人公は、この時代の人々や社会の写し絵だったともされる。現在は近代小説の礎となる傑作として評価されている。

自分は騎士だと思い込んだ男が引き起こす珍道中

ドン・キホーテ・デ・ラ・マンチャは、17世紀はじめに書かれた小説『ドン・キホーテ』の主人公だ。ラ・マンチャ地方に住む、やせて背の高い50歳近くの男は、当時大流行していた騎士道物語をこよなく愛していた。土地を売り払ってまで物語を集めては、朝から晩まで読みふける始末。没頭するあまり、ついに虚構と現実の区別がつかなくなり自分は騎士だと思い込んでしまう。

やせた老馬をロシナンテと名づけて、世の不正を糾す騎士道の旅に出たドン・キホーテ。勇敢な騎士には愛を捧げる婦人と、旅をともにする従者が欠かせない。ある村で出会った村娘を崇高なるドルネシア姫だと思い込み、農夫をサンチョ・パンサと命名して忠実なる従者としてしまう。宿屋の主人を城主と思って騎士の叙任式を依頼し、羊の群れを合戦中の軍隊だと言って参戦するために飛び込んでいく。従者が止めるのも聞かず風車を巨人と思って突進する場面は特に有名で、知っている人も多いだろう。緩やかな狂気のなか、トラブルを起こしては人々を困惑させ、ドタバタの冒険を繰り広げていく。しかし、彼を正気に戻すために演じられた決闘に敗れ、冒険をあきらめて村に戻ることに。これまでの妄想に気づいた彼は、本当の自分に戻って息を引き取るのだった。

投獄中に構想が得られた『ドン・キホーテ』

『ドン・キホーテ』の作者はミゲル・デ・セルバンテス。貧しい外科医の子としてうまれ、少年時代は正規の教育は受けられなかった。スペイン軍に入隊し、オスマン帝国と戦ったレパントの海戦で左腕に銃弾を受け不自由の身となった。

20代後半で軍隊を退いたが、母国へ帰還する途中でなんと海賊に捕まり5年間も捕虜生活を送ることに。解放された後、執筆活動をはじめたものの成功はしなかった。そのため、あきらめて徴税官などの仕事に就くが、今度は徴収した公金を預けておいた銀行が破産したことから罪を問われて投獄。まさに「事実は小説より奇なり」といった人生だが、獄中生活の間に構想をふくらませ発表した作品が『ドン・キホーテ』なのだ。数々の人生の辛苦の経験を肥料としてつくりあげたストーリーは、失敗を繰り返しては突き進む人生の悲喜劇として共感を得て、今日でも読み継がれる傑作となっている。

Lamoraal van Egmont

ラモラール・ファン・エフモント

別名 エグモントなど

生没年 1522年～1568年
地位 ネーデルラントの貴族、軍人
ゆかりの地 ブリュッセル（ベルギー）など

オペラの題材にもなった愛国者の悲劇

ラモラール・ファン・エフモントは、オランダ独立戦争（八十年戦争）の口火を切った指導者で、悲劇的な死を迎えた英雄だ。

当時スペイン領だったネーデルラント（現在のオランダ、ベルギーにかかる領土）の大貴族の家にうまれたエフモント。ネーデルラント地方を支配していた神聖ローマ皇帝カール5世［→P178］のアルジェ遠征に従軍して武勲をあげ、その3年後にはカール5世の息子フェリペ2世とイングランド女王メアリーとの婚儀をまとめるために渡英し、これを成功させた。フェリペ2世の片腕となり、スペインの対フランス戦争にフランドル軍を率いて参加し、勝利に貢献。

これによりフランドル、アルトワ両州の知事に任命された。

ところが故郷に戻った彼が目にしたものは、圧政に苦しむネーデルラント人の姿だった。当時、北ヨーロッパではプロテスタントが勢力をのばしつつあり、フランドルも例外ではなかった。しかし、フェリペ2世は厳格なカトリック信者だったため、厳しいカトリック政策をとっていた。

エフモントは宗教政策の緩和をフェリペ2世に直訴するも受け入れられず、むなしく帰国した。むしろ疑惑を濃くした皇帝はネーデルラントに軍を派遣し、反抗勢力の一掃に取りかかる。エフモントはただちに逮捕され、死刑宣告を受けてブリュッセルの大広場で斬首刑に処された。この愛国者エフモントの処刑が、オランダ独立戦争の導火線になったともいわれている。

スペインに対する最初の抵抗運動ともいわれる彼の功績は、人々の心に深い感銘を与えた。のちにゲーテ［↓P102］は彼を題材に戯曲『エグモント』を書き、ベートーベンは『序曲』を含む10曲の付随音楽を作曲した。そこには、「わたしは自由のために死ぬのだ」と力強い足どりで処刑場に向かう彼の姿が描かれている。

スペイン“太陽の沈まない国”時代に君臨した
絶対的な王フェリペ2世

5章 北欧・ロシア・東欧の英雄

ノルマン人たちはヴァイキングとしてヨーロッパ諸国を蹂躙。やがてヴァイキングは北欧4国やロシアの基盤となる王朝を成立させ、なかでもロシアは一大帝国に。東欧諸国は常にロシアの脅威におびやかされ続けた。

中世～近世 北欧・ロシア・東欧年表

年	おもなできごと
8世紀～	ヴァイキングが活動をはじめる
862	リューリクがノヴゴロド国を建国（ロシア）
9世紀？	キエフ大公国が成立（ロシア）
900頃	ノルウェー王国が成立
989	ウラジーミル1世がギリシャ正教に改宗（ロシア）
1000	ハンガリー王国の王号が教皇に許可される
1010頃	ソルフィンがヴィンランドへ渡ったとされる（アイスランド）
1240	モンゴル軍がキエフを占領（ロシア）
1386	ヤゲウォ朝が成立（ポーランド・リトアニア）
1397	カルマル同盟により北欧3国が合体しデンマークを盟主とする連合王国が成立
1410	タンネンベルクの戦いに勝利（ポーランド・リトアニア）

ソルフィン・ソルザルソン
▶P194

ウラジーミル1世
▶P198

ラグナル・ロズブローク
▶P190

1458	マーチャーシュ1世が即位（ハンガリー）
1480	モスクワ大公国が独立（ロシア）
1523	スウェーデン王国が成立
1533	イヴァン4世が即位（ロシア）
1543	地動説を唱えたコペルニクスが死去（ポーランド）
1547	イヴァン4世が公式にツァーリ（皇帝）と称す（ロシア）
1564	イヴァン4世の恐怖政治はじまる（ロシア）
1572	ヤゲウォ朝が断絶（ポーランド・リトアニア）
1611	グスタフ2世アドルフが即位（スウェーデン）
1618	三十年戦争が勃発
1682	ピョートル1世の統治がはじまる（ロシア）
1699	カルロヴィッツ条約（ハンガリー）
1700	北方戦争が勃発
1727	キャフタ条約（ロシア）
1756	七年戦争が勃発
1762	エカチェリーナ2世が即位（ロシア）
1794	コシチュシュコの蜂起（ポーランド）
1812	ナポレオン「→P58」の侵入とモスクワ大火（ロシア）

マーチャーシュ
▶P200

グスタフ2世
アドルフ
▶P196

エカチェリーナ2世
▶P208

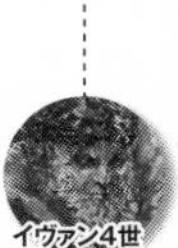

イヴァン4世
▶P202

ピョートル1世
▶P206

タデウシュ・コシチュシュコ
▶P210

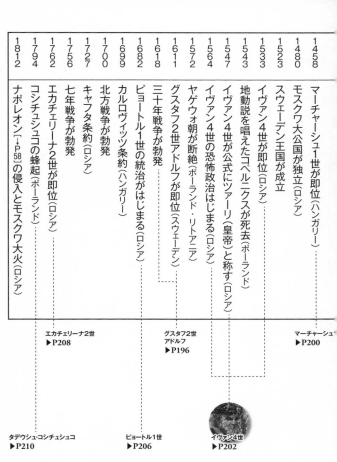

Ragnar Lodbrok

ラグナル・ロズブローク

生没年 9世紀頃？
地位 ヴァイキングの王
ゆかりの地 ウプサラ（スウェーデン）など

サガに伝えられる伝説のヴァイキング

イングランドとフランスを征服したヴァイキングの伝説的な首長。叙事詩『ラグナル・ロズブロークのサガ』には、龍をひとりで倒す、どんな武器も通さない服を着て身を守るなど、空想的な活躍が描かれている。最期は敵であるイングランド王に捕らえられ、蛇牢に入れられて殺害されたが、息子たちによって残虐な復讐が行われた。

『ラグナル・ロズブロークのサガ』
ラグナルの栄誉を称えた叙事詩（サガ）。

血の復讐
ヴァイキング社会では家族や契りを結んだ兄弟が殺害された場合、相手を殺害する「血の復讐」の権利が認められていた。名誉ある解決方法だと当時の人々に好まれていたが、復讐に次ぐ復讐で一族郎党が全滅する可能性もあるため、「民会（シング）」に告訴したり和解する方法もとられた。

巨大龍を討伐した伝説的なヴァイキング王

ノルウェーを起点にヨーロッパ諸国を蹂躙したヴァイキング。そのなかでもラグナル・ロズブロークは、実在の人物ながら超人伝説を数多く残している。

『ラグナル・ロズブロークのサガ』によると、デンマーク王の息子ラグナルは背が高く美しい男で、比類ないほど強い戦士だった。ラグナルがまだ若い頃、隣国スウェーデンの王は毎食牡牛一頭を食らうほど巨大な龍に困り果て、これを退治できる勇敢な人物を探していた。するとラグナルは、夜が明けぬうちに単身龍のところへ向かい、誰も振りまわせないほど大きな槍で一突きした。翌朝人々が起きると龍がいつの間にか殺されている。スウェーデン王は、龍の体に刺さった槍先にピッタリ合う柄をもつ人物を探し、ようやくラグナルを見つけると、彼を称えて姫君と黄金を与えた。ラグナルと姫君は結婚、子がうまれると国を任せ、自分はヴァイキングとして旅に出た。

「蛇牢」で苦しんで死んだ父を弔うための残虐な復讐

2隻の商船でイングランドに侵攻したラグナルは、途中で船が難破して多勢に無勢でイングランド王の大軍と戦うことに。部下はすべて討たれラグナルも捕虜となってしまった。ラグナルは蛇で満たされた「蛇牢」に入れられるが、どんな武器も通さない服を着ていたため噛まれずに済んだ。しかし、服に気づいたイングランド王によって脱がせられ、ついに蛇に噛まれたラグナルは「老人が苦しんでいるのを知ったなら、若い猪はうなるだろう」という言葉を残し息絶えた。

その言葉どおり、父の死を知った息子たちは怒り狂った。即座にイングランドへ遠征するもやむなく撤退する兄弟を尻目に、長男イーヴァルだけは冷静に賠償を要求。イングランド王はこれを認め、イーヴァルに土地や城を与えた。その後もイーヴァルは敵意のないことを見せ、王の側近を仲間にすると「兄弟たちに怒りを鎮めるよう説得してみましょう」と言い帰国。これこそイーヴァルの作戦で、兄弟たちに復讐を果たすよう鼓舞した。油断したイングランド軍は敗退し、イングランド王は「血鷲の刑（背中を鷲の形に切り裂いて肺を出す残酷な刑）」に処された。復讐は成し遂げられたのだった。

Thorfinn Thordarson

ソルフィン・ソルザルソン

別名 カルルセフニなど

生没年 不明
地位 アイスランドの探検家
ゆかりの地 グリーンランド（デンマーク）など

幻の土地ヴィンランドを目指した冒険家

コロンブス［↓P174］がアメリカ大陸を「発見」するより何百年も前に、北欧系民族がグリーンランド及び北アメリカに入植した記録が残っている。入植者のリーダーは、アイスランドの冒険家ソルフィン・ソルザルソン。マンガ『ヴィンランド・サガ』の主人公トルフィンのモデルとなった人物だ。

11世紀初頭、アイスランドに実在したソルフィンについては、叙事詩『グリーンランド人のサガ』『赤毛のエイリークのサガ』に記されている。この2編を合わせて『ヴィンランド・サガ』という。彼らはアメリカ大陸のことを「豊かな土地」という意味の「ヴィンランド」と呼んでいた。

ソルフィンは裕福な商人の子として極寒の地アイスランドにうまれた。あだ名は「カルルセフニ（本当の男）」、つまり男のなかの男という意味だ。ある時、交易のため訪れたグリーンランドで未亡人のグズリーズと出会い、恋に落ちて結婚する。グズリーズは、航海者レイフ・エリクソンの義妹だった。レイフはすでに新大陸ヴィンランドに到達していた人物。ソルフィンはその豊かな土地ヴィンランドに移住するため、大西洋横断を試みるようになる。この重大な決断の背景には、妻グズリーズの強い勧めがあったという。

ソルフィンは60人以上の乗組員を率いて新天地を目指して航海に出た。一説によると１００人以上の移民を率いていたともいう。そして長い苦難の航海の末、夢見たヴィンランドへとたどりついたのだった。ヴィンランドではグズリーズとの間に息子スノッリがうまれた。彼はアメリカ大陸でうまれた初のヨーロッパ人だとされている。しかし、新天地での幸せは長くは続かなかった。先住民との抗争が発生したことから入植は思うように進まず、数年でヴィンランドは放棄されてしまう。だがソルフィンの偉業を称えたサガは残り、今日の私たちに彼の生きざまを伝えてくれている。

グスタフ2世アドルフ

Gustav II Adolf

別名 グスタフ・アドルフ、北方の獅子など

生没年 1594年～1632年
地位 スウェーデン国王
ゆかりの地 ストックホルム（スウェーデン）など

名宰相と大国スウェーデンをつくった北方の獅子

グスタフ2世アドルフは、17世紀のスウェーデンを商業的にも軍事的にも発展させ近代化に導いた名君だ。ドイツを中心に欧州各国が参戦した宗教戦争、三十年戦争の主要人物のひとりで、「北方の獅子」の異名をもつ。

グスタフは卓越した語学力をもち、11歳で外国大使を迎える公務をこなした。わずか17歳で即位するが、当時はデンマーク、ロシア、ポーランドとの抗争で危機に直面している真っ最中。宰相にアクセル・オクセンシェーナを任命し、17歳の王と27歳の宰相という若いコンビで難局を乗り切っていく。

グスタフは軍事的な才覚にあふれていたが、短気で血気盛んな性格であった。

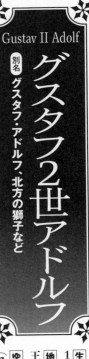

ある時「アクセルよ、皆おまえのように冷静であったら世界は凍りついてしまうな」とグスタフが言うと、「人が皆、陛下のように短気であれば、世界が燃え尽きてしまいます」とアクセルは答えたという。真逆の性格だからこそ、互いの欠点をカバーしあえる名コンビだったのだ。

グスタフは王位を継承してからわずか数年で、各国との戦争を終結させただけでなく、バルト海を支配するまでに至った。

グスタフのカリスマ性をさらに高めたのが三十年戦争だ。戦いの場となったドイツでは、終末的思想にとらわれた傭兵部隊による虐殺が各地で頻発。占星術師たちは「世界が大きな不幸に見舞われた時、北から平和をもたらす獅子が出現するだろう」と予言し、人々はグスタフの姿を重ねて彼を「北方の獅子」と呼んだ。しかし、兵の士気を高めるため騎兵隊の先頭に立って戦っていたグスタフは戦闘中に命を落とし、自軍の勝利を見届けることなく38歳の若さで亡くなった。彼は三十年戦争ではじめてプロテスタント側に勝利をもたらしただけでなく、プロテスタントの守護者としての名声と、スウェーデンの国際的な存在感も勝ち得たのだった。

Vladimir I
ウラジーミル1世

別名 ヴォロディーミル1世、聖公ウラジーミルなど

生没年 955年?〜1015年
地位 キエフ大公
ゆかりの地 聖ウラジーミル大聖堂（ウクライナ）など

暴虐の大公からキリスト教の聖人へ

ロシアの起源を築いたヴァイキングの長リューリクの血を引くウラジーミル1世。現在は、ロシアにキリスト教を取り入れた聖人として崇拝されている。しかしその前半生は、「大いなる極道者」と呼ばれるほどの暴君だった。

父スヴャトスラフ1世の三男として誕生したウラジーミル1世には、長兄ヤロポルク1世と次兄オレーグというふたりの兄がおり、父の死後、兄同士が争った末にオレーグが事故死した。そして次に長兄と対立したウラジーミル1世は、偽の和睦交渉をもちかけて実兄を暗殺。兄が継いでいたキエフ大公の座を奪ったのである。さらにこの時、一説にはユリアという名のヤロポルク1世の

妻を凌辱して強引に自らの妻とした。

ウラジーミル1世にはこのほかにも複数の妻と数百人もの妾がおり、領内各地にハーレムを築いて放蕩の限りを尽くした。妻のなかには、ウラジーミル1世の母が奴隷だったことを蔑んだポロツク公国の公女ログネダなどもいた。

このような蛮行を繰り返していたウラジーミル1世が改心したきっかけは、東ローマ皇帝バシレイオス2世の妹アンナとの結婚である。これは明らかな政略結婚で、お互いがお互いの援軍を必要としていたことは確かだが、それにしてもウラジーミル1世の豹変ぶりには目を見張るものがあった。東ローマ帝国と同じギリシャ正教を国教に定めると、自らも洗礼を受けてキリスト教徒となった。さらにすべての家臣と住民にも洗礼を受けさせ、既存の神殿は破壊したのだ。一説によるとアンナ以外の妻は離縁し、ハーレムも解体したという。

ウラジーミル1世が主人公のロシアの長編映画『バイキング　誇り高き戦士たち』では、ウラジーミル1世はアンナという名が意味する「神の寵愛」を欲していたとされる。これはあくまで物語上の設定だが、史実のウラジーミル1世もアンナに女神のような安らぎを感じて心を許したのかもしれない。

Matyas I
マーチャーシュ1世

別名 フニャディ・マーチャーシュ、マティアス・コルヴィヌス、正義王など

生没年 1443年頃～1490年
地位 ハンガリー王
ゆかりの地 ブダ城（ハンガリー）など

自らの手で王冠を取り戻したルネサンス王

ハンガリー王マーチャーシュ1世の父フニャディ・ヤーノシュは王ではなく、オスマン帝国の攻撃を防いだ貴族だった。ヤーノシュの死後、神聖ローマ皇帝フリードリヒ3世がハンガリー王権を奪おうと画策した。そこで国内の中小貴族は英雄の子マーチャーシュ1世を支持、次期国王に迎えられたのである。この時、ハンガリー王家の王冠はフリードリヒ3世のもとにあったため戴冠式を行えず、マーチャーシュ1世は真冬の凍ったドナウ川の上で中小貴族に祝福されながら王冠なき即位式をもって王座に就いた。

王となったマーチャーシュ1世は父と同様にオスマン帝国の攻撃を退けて評

価をあげ、フリードリヒ3世から王冠を取り戻す。こうして改めて行った戴冠式には上層貴族も招いて権威を誇示し、ついに国内外を問わず誰もが認めるハンガリー国王となったのだった。

マーチャーシュ1世はナポリ王フェルディナンド1世の娘ベアトリーチェを王妃とすると、熱心にイタリアのルネサンス様式を導入してハンガリーの文化レベルをあげ、「ルネサンス王」と呼ばれた。この時マーチャーシュ1世がつくった図書館「コルヴィナ文庫」は、バチカン文庫に次ぐ規模のもので、あの豪華王ロレンツォ・デ・メディチ［→P80］自分の図書館をつくる際に真似たという。さらに経済を安定させて農商業を発展させたことから、国民の支持を集めて「正義王」の異名も得た。

苦節を重ねて王と認められ、国民に寄り添った政策を行ったマーチャーシュ1世は、民話の題材になることも多い。金に汚い聖職者が貧者の葬式を断ると、通りかかったマーチャーシュ1世が葬儀代と棺桶をふたつ用意し、葬儀が終わってから残りの棺桶に聖職者を入れて葬ってしまう。このように弱者の味方に描かれる点からも正義の王と呼ばれた人柄がうかがえる。

Ivan Ⅳ
イヴァン4世

別名　イヴァン雷帝、イヴァン・グローズヌイ、イヴァン・ヴァシリエヴィチなど

生没年　1530年〜1584年

地位　ロシア皇帝、モスクワ大公

ゆかりの地　モスクワ（ロシア）など

ロシア帝国の基礎を築いた雷帝

ロシア帝国初代ツァーリ（皇帝）。隣接する諸ハン国を併合するなどして広大なロシア帝国の基盤を築いた。この一方、自らの派閥で固めたオプリーチニナ制度を導入して恐怖政治を敷き、「雷帝《らいてい》」と恐れられる。苛烈で威圧的な言動からロシア最大の暴君とされるが、後継者の皇子を誤って殺害してからは罪悪感に苦しむ晩年を送った。

雷帝

イヴァン４世の通称で、ロシア語「グローズヌイ」の和訳。本来は「恐怖を感じさせる」という意味だが、名詞形の「グロザー」が「雷雨」を意味することから、日本では雷帝と訳されたという。

ボリス・ゴドゥノフ

ロシアの作曲家モデスト・ムソルグスキーによるオペラ。実在のツァーリであるボリス・ゴドゥノフを主人公に、イヴァン４世死後の「動乱時代」を描く。

雷鳴にたとえられるロシア初代ツァーリ

「ツァーリ」とはヨーロッパ東方のスラヴ語圏における君主の称号で、ロシアの場合は「皇帝」と訳されるのが一般的だ。このツァーリをはじめて公的に名乗ったロシア皇帝がイヴァン4世である。通称「雷帝」と呼ばれるが、これは雷のように激しく厳しい人柄に由来している。

イヴァン4世は周辺の諸ハン国を併合して東と南に版図を広げたほか、クリミア・ハン国の進出を防ぐなどしてロシア帝国の基盤を築いた。一方で西のリヴォニア戦争は25年にも及びながら得るものがなく、国を疲弊させている。

実は、リヴォニア戦争には臣下の貴族の多くが反対していた。しかしイヴァン4世は中央集権体制を築いて戦争を断行した経緯がある。この結果、貴族の反発が強まると、イヴァン4世は突如退位を宣言して隠居してしまった。これは反省したわけではなく、自分が不在となれば政治が混乱すると見込んでのことである。実際に国政はまわらなくなり、貴族はイヴァン4世に復帰を懇願するしかなかった。するとイヴァン4世は交換条件に「非常大権」を求めたのだ。

粛清や虐殺を断行するも後継者の死に心を病む

非常大権とは、反逆者を独断で処罰できるなどの強力な権限。これを手にしたイヴァン4世は厳しい粛清による恐怖政治を開始し、拷問や処刑は日常的に行われたという。さらに時期を同じくして、自分の派閥の貴族をオプリーチニキ（直轄領の領主）とするオプリーチニナ制度を設けて反逆者の監視役とした。イヴァン4世はこの制度の廃止を求めた貴族や聖職者も全員処刑している。また、自領内のノヴゴロドが敵対するリトアニアへの寝返りを謀っていると疑い、オプリーチニキを送り込んで一説では3千人ともいわれる虐殺を行った。

このように冷酷無比ともいえる言動でロシア最大の暴君とされるイヴァン4世だが、後継者の皇子イヴァンの死には深く悲しんだ。イヴァン4世が皇子イヴァンの妻エレナの服装を不快に思って激怒すると、皇子イヴァンがエレナをかばったため、さらに逆上したイヴァン4世は皇子イヴァンを誤って殴り殺してしまったのだ。このあとイヴァン4世は罪悪感に苛まれて皇子の名を呼びながら徘徊するなど心身衰弱状態になり、ほどなくして53歳の生涯を閉じた。

ピョートル1世

Pyotr I

別名 ピョートル大帝、ピョートル・アレクセーエヴィチ・ロマノフ、ピョートル・ミハイロフなど

生没年 1672年～1725年

地位 ロシア皇帝

ゆかりの地 サンクトペテルブルク（ロシア）など

ロシアを強国へと導いた「全ロシアの皇帝」

「戦争ごっこ」に明け暮れる少年時代を過ごしたピョートル1世の生涯は、皇帝の座に就いたあとも戦争の連続だった。4歳の時に父アレクセイ、10歳の時に異母兄フョードル3世が相次いで世を去ると、対立関係にある貴族らがそれぞれピョートル1世ともうひとりの異母兄イヴァン5世を擁立し、ふたりの皇帝が即位する。これに不満を抱いたピョートル1世は、イヴァン5世の摂政として実権を握る姉ソフィアと配下の銃兵隊を打ち倒し、真の皇帝となった。

以降はバルト海周辺の東北ヨーロッパ地域をめぐってスウェーデンと対峙し、20年余に及ぶ北方戦争に勝利。ロシア帝国の版図を広げ、「大帝」「全ロシアの

皇帝」と呼ばれるようになった。この時スウェーデンから奪った領地に建設した要塞が、現在もロシアの地名に残るサンクトペテルブルクである。

このような功績を追うと好戦的な人物のように感じるが、ピョートル1世には文化を重視する面もあり、ロシアの近代化に大きく貢献した。25歳の時にはヨーロッパへ派遣した使節団のなかに自らも紛れこみ、ピョートル・ミハイロフという偽名を使って各地を視察している。特にオランダの文化や技術が気に入り、東インド会社の造船所では実際にハンマーを握って造船術を学んだ。こうして得た知識の数々が北方戦争の勝利に繋がったことは言うまでもない。

しかし、近代化を急ぐあまりロシア古来の文化であるあご髭の習慣やロシア風衣装の着用を禁じたため民衆からは強い反発が起こり、領地南東のアストラハンやドン地方で反乱が勃発した。これに対しピョートル1世は「不届き者を鎮圧できるのは残虐さのみである」として反逆者を徹底的に殲滅した。

ピョートル1世の判断は非情で冷酷かもしれないが、だからこそ強国ロシアの皇帝を務められたといえるだろう。その強固な姿勢は後世の英雄たち、さらにはプーチン現ロシア大統領などからリスペクトされている。

Ekaterina Ⅱ

エカチェリーナ2世

別名 エカチェリーナ大帝、エカチェリーナ・アレクセーエヴナ、ゾフィー・アウグスタ・フレデリーケなど

生没年 1729年〜1796年

地位 ロシア皇帝

ゆかりの地 冬宮殿（ロシア）など

恋と野望に生きたロシア最強の女帝

ポンメルン（当時は北ドイツ、現在はポーランド）の小国で公女として誕生したエカチェリーナ2世は、最初の名をゾフィーという。フランス人家庭教師から合理的で理知的な啓蒙思想を学び、聡明な少女に育ったゾフィーは、2歳の時に亡くなった伯父カール・アウグストがロシア女帝エリザヴェータの婚約者だった縁から、ロシア皇太子ピョートルの妻に迎えられた。

ロシアと縁のなかったゾフィーは、ロシア正教に入信してエカチェリーナと名を改め、熱心にロシア語を勉強して家臣や国民から支持を得た。これに対し、プロイセンに心酔していた夫は即位してピョートル3世となったあともロシア

本位の国政を行わなかったため、エカチェリーナは近衛連隊のクーデターで夫を失権、暗殺させて帝位を奪い、エカチェリーナ2世となる。

エカチェリーナ2世は専制君主として法改正や税制改革で国内を統制するとともに、オスマン帝国から黒海沿岸地域を獲得するなどして国土を拡大、ピョートル1世［↓P206］と並んで「大帝」と称えられた。この旺盛な活力についてエカチェリーナ2世自身が「私は野望にとらわれている」と語っている。

このような望むままに突き進む生き方は、恋愛でも同様だった。夫の死後、エカチェリーナ2世は再婚しなかったが、参謀としても将軍としても頼りにしたグリゴリー・ポチョムキンとは夫婦同然の関係だったと伝わる。ポチョムキンを含めて12人もの愛人を囲ったといわれ、一説では愛人の数は300人とも、晩年にはポチョムキンが選抜した愛人を次々と寝室に招き入れたともいう。このため、「王冠をかぶった娼婦」と揶揄されることさえあった。

「私が生きている限り、ロシアは私の望みどおりに生きるだろう」と豪語したエカチェリーナ2世。その鮮烈な生涯はエンタメ作品でも多く描かれており、本国ロシアではテレビドラマシリーズが3期にわたって製作された。

タデウシュ・コシチュシュコ

Tadeusz Koś-ciudzko

別名 アンジェイ、タ－ダス・コーシツュシュカなど

生没年 1746年～1817年

地位 ポーランド・リトアニアの義民

ゆかりの地 クラクフ（ポーランド）など

ポーランド独立を願い続けた愛国の英雄

18世紀末のポーランドはポーランド・リトアニア共和国として独立していたが、既得権益に執着する貴族たちの腐敗政治が長年続いており、国力が著しく低下していた。このため周辺の強国に領土を狙われ、ついにロシア皇帝エカチェリーナ2世〔↓P208〕とプロイセン王フリードリヒ・ヴィルヘルム2世によって分割されてしまう。この時、故国であるポーランドの独立を奪還するために義勇軍を率いて蜂起したのがタデウシュ・コシチュシュコだ。

幼少期から軍人教育を受けたコシチュシュコは、若き日に義勇兵としてアメリカ独立戦争に参戦し、のちのアメリカ合衆国初代大統領ジョージ・ワシント

ンの副官を務めてイギリスからの独立を目指すアメリカのために戦った。そんな経験をもつコシチュシュコが、故郷のために立ちあがったのは当然だろう。

ポーランド南部の都市クラクフにて、ポーランドの独立を取り戻すという旨の演説をしたコシチュシュコは、後世にコシチュシュコの蜂起と呼ばれる反乱を開始。初戦となるラツワヴィツェの戦いで劇的な勝利をおさめる。農民中心の義勇兵部隊コスィニェシ（農作業に使う大鎌を意味する）とともに自ら戦場を駆けめぐり、敵方ロシア軍の大砲のほとんどを奪って退却させたのだ。

しかし、強国ロシアとプロイセンの前にポーランドはあまりにも無力だった。マチェヨヴィツェの戦いで負傷したコシチュシュコはロシア軍に捕らえられ、ほどなくして蜂起は失敗に終わったのである。そしてポーランドはさらにオーストリアにも分割され、１７９５年ついに地図上から消滅した。

この後、釈放されたコシチュシュコは故国の復活を願って亡命を続けたが、スイスにて無念の病死を遂げた。愛国の心をもち続けたコシチュシュコは現在でもポーランドとリトアニアの国民的英雄であり、クラクフには記念碑的なコシチュシュコ山という人工の山がつくられ、人気の観光スポットとなっている。

ヨーロッパMAP【12世紀】

当時イスラーム勢力は現在のトルコやアフリカ、イベリア半島の南部まで支配下に置いていた。そんななか1096年、イスラーム勢力から聖地イェルサレムを奪還するため、ローマ教皇の名の下、第1回十字軍が派遣された。

スコットランド王国
ノルウェー王国
スウェーデン
エディンバラ
アイルランド
デンマーク王国
ロンドン
イングランド王国
大西洋
パリ
アウクスブルグ
フランス王国
神聖ローマ帝国
カスティリャ王国
レオン王国
ポルトガル
マルセイユ
ローマ
教皇領
ノルマン公
ムラービト朝
国境線
地域の境目
国家
イスラム教国家

スウェーデン王国
ストックホルム
エストニア
ノヴゴロド
リヴォニア
モスクワ大公国
ドイツ騎士団領
リガ
バルト海
コペンハーゲン
プロイセン公国
ポーランド王国
リトアニア大公国
ヴィッテンベルグ
ワルシャワ
キエフ
クセン
バイエルン
ウィーン
オーストリア
トランシルヴァニア公国
モルダヴィア公国
ハンガリー王国
ヴェネツィア
ワラキア公国
黒海
ヴェネツィア王国
皇領
ローマ
オスマン帝国
イスタンブール
ナポリ
アルバニア
ナポリ王国
パレルモ
シチリア王国
マルタ
クレタ

ヨーロッパMAP【16世紀】

教皇権の失墜から、王家による絶対王政がスタート。なかでもハプスブルク家は神聖ローマ皇帝とスペイン王に君臨し、ヨーロッパの覇権を掌握した。

クリスチャニア
ペテルブルク
ストックホルム
エストニア
バルト海
リヴォニア
スウェーデン王国
リトアニア
コペンハーゲン
プロイセン王国
ロシア帝国
ポーランド王国
ベルリン
ワルシャワ
ザクセン
シュレジエン
キエフ
プラハ
クラクフ
ガリチア
ウクライナ
バイエルン
モルダヴィア
ウィーン
ブダ
オーストリア
トランシルヴァニア
ハンガリー王国
ワラキア
黒海
ヴェネツィア共和国
ボスニア
セルビア
ブルガリア
ローマ
イスタンブール
アルバニア
ナポリ
オスマン帝国
ナポリ王国
シチリア
シチリア王国
クレタ

ヨーロッパMAP【18世紀】

ハプスブルク家の継承争いを機に、ヨーロッパ各地で主導権をめぐる戦争が勃発。なかでもドイツの小国プロイセンは一大強国に成長をとげた。

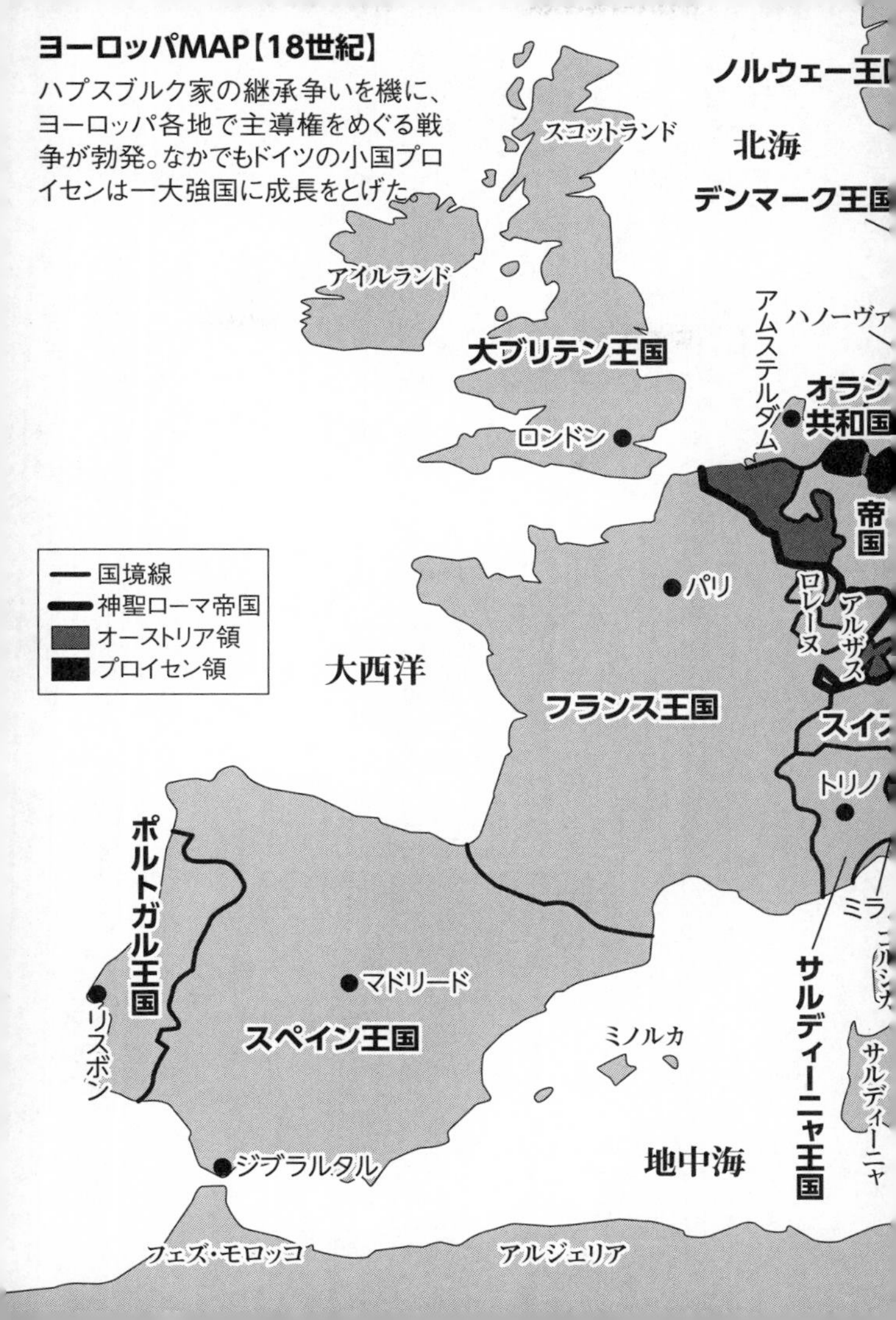

ノブゴロド公国を建国した伝説のヴァイキング、リューリク

主要参考文献

『図説 ラルース世界史人物百科』〈1〉～〈3〉
フランソワ・トレモリエールほか著、樺山紘一監修／原書房
『ビジュアル 世界史1000人』（上・下） 宮崎正勝監修／世界文化社
『シャルルマーニュ伝説 中世の騎士ロマンス』 トマス・ブルフィンチ、市場泰男訳／講談社
『ローランの歌』 鷲田哲夫著／筑摩書房
『騎士団』 須田武郎著／新紀元社
『中世ヨーロッパの騎士』 フランシス・ギース著、椎野淳訳／講談社
『ヨーロッパの名家101』 樺山紘一著／新書館
『フランス革命の女たち』 池田理代子著／新潮社
『死刑執行人サンソン ―国王ルイ十六世の首を刎ねた男』 安達正勝著／集英社
『ローマ教皇歴代誌』 P.G.マックスウェル・スチュアート著、高橋正男監修／創元社
『神聖ローマ帝国』 菊池良生著／講談社
『メディチ家はなぜ栄えたか』 藤沢道郎著／講談社
『ルネサンス 天才の素顔』 池上英洋著／美術出版社
『君主論』 ニッコロ・マキャヴェリ著、森川辰文訳／光文社
『図説 ハプスブルク帝国』 加藤雅彦著／河出書房新社
『戦うハプスブルク家』 菊池良生著／講談社
『バロックの騎士　プリンツ・オイゲンの冒険』 飯塚信雄著／平凡社
『図説 モーツァルト』 後藤真理子著／河出書房新社
『イギリス史』 川北稔編／山川出版社
『王妃たちの最期の日々』（上・下） ジャン・クリストフ・ビュイッソンほか著／原書房
『中世を生きぬく女たち』 レジーヌ・ペルヌー著、福本秀子訳／白水社
『世界歴史大系 イギリス史１』 青山吉信編／山川出版社
『英仏百年戦争』 佐藤賢一著／集英社
『エリザベス女王 女王を支えた側近たち』 青木道彦著／山川出版社
『英国王室史事典』 森護著／大修館書店
『〈海賊〉の大英帝国 掠奪と交易の四百年史』 薩摩真介著／講談社
『図説 海賊』 増田義郎著／河出書房新社
『海賊の歴史』 フィリップ・ジャカン著、増田義郎監修／創元社
『エッダとサガ 北欧古典への案内』 谷口幸男著／新潮社
『図説 ハンガリーの歴史』 南塚信吾著／河出書房新社

◎本書は2020年3月に小社より単行本として刊行されたものに加筆・修正し文庫化したものです。

文庫ぎんが堂

ゼロからわかる
英雄伝説
ヨーロッパ中世～近世編

2020年10月20日　第1刷発行

著者　かみゆ歴史編集部
ブックデザイン　タカハシデザイン室
本文イラスト　輝竜 司、白藤与一、添田一平、竹村ケイ、ハヤケン・サレナ、藤科遥市、まっつん！
本文執筆　安倍季実子、飯山恵美、稲泉知、岩崎紘子、高宮サキ、野中直美
本文DTP　松井和彌
発行人　北畠夏影
発行所　株式会社イースト・プレス
〒101-0051 東京都千代田区神田神保町2-4-7 久月神田ビル
TEL 03-5213-4700　FAX 03-5213-4701
https://www.eastpress.co.jp/
印刷所　中央精版印刷株式会社

ISBN978-4-7816-7196-3